怪談狩り
まだらの坂

中山市朗

角川ホラー文庫
24253

目次

静寂

Aさんは香川県の中学校に通っていた。

「僕ねえ、友達がいなかったので、放課後はぼおっと教室の窓から海辺を見るのが好きだったんです」と言う。

この中学校は海辺に建っていたのである。

グラウンドがあって、その先に松林が並んでいる。天気が良い日にはその松の間からキラキラと光る海が見えたのだ。

ある日も授業が終わると、Aさんはぼおっと窓の外を眺めていた。

グラウンドからは運動部のかけ声が、音楽室からはピアノと合唱の声が聞こえてくる。

すると、急に静かになったのだ。空気も変わったようだ。

ふと、教室を見ると、今までおしゃべりをしたり、じゃれあったりしていた数人のクラスメートがいたのに、今は誰もいない。

気がついたら教室に自分ひとり、ということは珍しいことではない。ただ、この時は得も言われぬ違和感に襲われたのである。

カバンを持って廊下に出た。遠くの方からわずかに喧騒《けんそう》が聞こえるが、廊下にも人っ子一人見当たらない。廊下をたった一人、急ぎ足で進む。

途中、いくつかの教室の前を通ったが、いずれの教室にも人影はない。また、廊下で誰かとすれ違うこともない。

階段を下りて職員室の前を通ると、二、三人の先生がいたので少し安心した。

そしていつものように裏門から学校を出たのである。

そのままいつもの道を歩きだしたが、やはり誰もいない。

今は下校の時間。生徒の姿がまったくないということは考えられない。また、町に人の姿もない。車も一台も通らない。第一、町の喧騒もまったくないのだ。

そんなはずはない。たまたまそうなっただけだ。

そう自分に言い聞かせて、家へと向かう。

やがて国道に出た。すぐ横断歩道があって、赤信号になっていた。

車がまったく通らない。停まってもいない。ただそれでも赤信号が点滅していることとが不思議に思えたほどだ。

信号が青になって無人の国道を渡る。商店街が見える。

そこにも人がいない。いつもは夕食の食材を買い求めるお母さんたちや子どもたちでにぎわっているはずなのに、お店の人もいない。

さすがに怖くなった。

学校へ戻ろう。

そう思って元来た道を引き返した。やはり車も通らない、人もいない、音のない町を歩く。

元の世界に戻れるのだろうかという不安感が増していく。

学校の裏門から学校へと戻った。

すると、グラウンドから運動部のかけ声が聞こえてきた。そこから校舎へ入ると何人かの生徒がいて、下駄箱から靴を出して履いている者、何人か集まっておしゃべりをしている者もいる。廊下を歩き階段を上がり、教室へと戻る。その途中の廊下で何人もの生徒とすれ違った。廊下で立ち話をしている者もいる。

教室に入ると、何人かのクラスメートがまだ居残っていて、じゃれあったりおしゃべりをしたりしている者、「じゃあね」と教室を出ていく者もいた。

ようやく違和感はなくなった。

異次元に紛れ込んだ。
Aさんはあの時の体験をそう思っているそうだ。

ドールハウス

S子さんという女性は美術系の大学を出て、今もプロというわけではないが絵画を描いたり、刺繡《ししゅう》をしたりと創作活動をしている。また、アンティークが好きで、食器や人形を集めて、世田谷《せたがや》のアトリエとして使っている部屋にいっぱい置いていたという。

ある日、同じ世田谷区内のアンティーク・ショップで素敵なドールハウスを見つけた。

茶色の壁を基調とした二階建ての造り。細々としたタンスやテーブルや椅子などの小物もおしゃれで丁寧な細工が施してある。食器なども並べてあって人形もある。

欲しい！

そう思ったが、値段がやや高め。ショップのオーナーに掛け合って少し安くしてもらって、カードで買った。大きなものだったので、夫に電話をして車で来てもらって、家に持ち帰ったのである。

アトリエの日当たりのいい場所に置いた。

「やっぱり買ってよかった。素敵なハウスねえ」と、しばらく見とれた。

その夜のことだ。

S子さんはアトリエの隣の寝室で寝ていたが、急に息苦しくなって目が覚めた。

汗びっしょりで動悸《どうき》がしている。

(なに、なに、なにがあったの?)

起き上がろうとすると体が動かない。

(えっ、これって金縛り?)

ただ、目だけが動く。気配を感じて視線をそこに移した。

ドアが開いていて、暗いアトリエが見える。そこに身長が百七十センチほどの人が立っていた。暗いのとそれがボンヤリとしているのとで、よく見えないが、女の人だ、ということはなぜかわかった。

家にいるのは夫と二人の息子。つまりあんな女性はいないはずだ。

そのまま目が離せなくなった。

するとその人影はスウッとすべるようにこの部屋に入ってきて、さらにS子さんのベッドへと近づいてきた。

(なに、なに、だれ? だれ?)

そう声にしようとするが、声も出ない。

人影は、S子さんの枕元まで来て、じっとS子さんを見ている。

彫りの深い顔、青い目、ブラウン系の髪。二十代くらいの西洋人女性だ。

(怖いんだけど、怖いんだけど。頼むから何もしないで。お願い、何もしないで)と心の中で祈るしかない。

青い目の女性は、ただじっとS子さんを見つめたまま、何をするわけでもない。それが五分だったのか、十分だったのか、一時間だったのか、時間はわからないが随分と長い間、体も動かせず、ずっと見つめられていたが、いつしか、ふっと西洋人女性は消えた。

翌朝、朝食をとりながら夫に「昨夜、こんなことがあったんだけど」と話してみたが、「夢でも見たんだろ」と信じてくれない。

ところが、この現象が一週間続いたのだ。

一体、何が原因だろうと考えるが、思い当たることはあのドールハウスしかない。

何か、いわくがありそうだ。

購入したショップを訪ねて、オーナーに訊《き》いてみた。

「先週、私が購入したドールハウスのことなんですけど。あれって、なにか歴史があるんですか?」

するとオーナーは「実はあのドールハウスが作られたのは、百年以上も前のことなんですよ」と言う。

イギリスのある貴族の娘さんの手作りによるもので、ハウスから調度品、食器なども一から全部一人で作り上げたものだったという。ところがドールハウスが完成したと同時に、娘さんは若くして亡くなり、ドールハウスはすぐに売却されたらしい。そして転売に転売が重なって、このショップに来たのだという。

「そうか。それでその娘さんが出てくるんだな」と悟った。

とはいえ、事が解決したわけではない。その後も夜中になると、息苦しくなって目が覚めて、青い目の若い女性が枕元に立つ。毎夜、これが続く。

さすがにS子さんも精神的に参ってしまった。

けっきょく、ドールハウスは購入したアンティーク・ショップに引き取ってもらうことにした。全額返金してくれたそうだ。

ドールハウスがアトリエからなくなったら、ピタリと怪しげなことは起こらなくなったそうである。

お姉ちゃん

Mさんには子どもが二人いる。お兄ちゃんと年が離れた妹さん。

その妹さんが三歳の頃のこと。

一人で遊んでいるが、どうやら誰かと話しているのだ。

よく聞いても、独り言ではない。誰かと会話をしている。

奥さんがそれを気にした。

「あの子、誰と話をしているのかしら」


ある日、奥さんが訊いてみた。

「ねえ、いつも誰とおしゃべりしてるの?」

「お姉ちゃん」と言う。

お兄ちゃんならいるけど、お姉ちゃんはいない。

「どこのお姉ちゃん?」

「お姉ちゃんはお姉ちゃん」

「なんていうお姉ちゃん？」

と訊くと、ある名前を口にした。

どきっとした。

実は、お兄ちゃんとその子の間に、もう一人生まれる予定だった。

女の子ということはわかっていたが、八ヵ月で流産した。

その子が生まれたら、付けようとしていた名前だったのだ。

物損事故

元警察官のIさんが言う。

「我々、警察官という仕事柄いろいろなご遺体に直面することがあります。そして、結構不可解な事件もあったりします。そういった不可解な事件は警察内では言ってはならないタブーとされて、結局なかったことにされるものもあります。なぜかというと、そういうことをそのまま報告書に書くと、まず決裁が下りないのです。そんなものが認められてしまったら、保険会社からの支払いにも支障がでてしまうわけです。ですから、警察官が現場での対応で、報告書の改竄《かいざん》というわけではないですが、ちょっとした裁量をするというか、無難な内容にして、上にあげるんです。というか、変えざるを得ない事案があったりするんです。私の体験も、そういう話です」

三十年ほど前の六月のある夜のこと。

パトカーで巡回をしていたが、時間が空いたのでパトカーの中で仮眠をしていた。

とろとろっとまどろんでいると、無線が入った。

はっ、と起きる。

時間はと見ると、深夜の二時。

〈乗用車の衝突事故。車同士ではなく電柱に激突した模様。現場へ急げ〉

Iさんはこの時、飲酒運転か、と思った。同時に気分が滅入《めい》った。こういう案件は面倒くさいのだ。

深夜の現場検証、実況見分調書の作成、調査報告……。

（こりゃあ、帰りは昼頃になるな。なんで飲酒運転なんかするかな）

そんなことを思いながら現場に到着した。

そこはなんの変哲もない田舎の直線道路。しかも一本道。

道路に沿って左側に電柱が並んでいる。そのうちの一本に車が激突して止まっている。

（やっぱりこれは、飲酒運転だ）

運転手らしき男が手を振って、「こっち、こっち」と合図している。

（よし、油をしぼってやろう）

Iさんはパトカーを停め、外に出る。

「おたくですか。どうされました？」

そう声をかけながら、手を振っていた四十歳くらいの男に近づく。

「いやあ、すみません。こんな時間にご足労かけてしまって」と男は頭をかいている。そして、続けて言う。

「実は彼女とデートしていましてね。で、ここを通っているとハンドルを切り損ねましてね、電柱にぶつかりました」

三十歳くらいの女が、その車の脇に立っていて、ばつの悪そうな顔をしている。

事情聴取を行なった。

意外だったのが、男は酒を飲んでいなかったことだ。そして、居眠り運転でもない。スピードメーターは法定速度内。二人は怪我をしていない。人を撥《は》ねたわけでもない。他に車に損傷はない。そして直線の一本道。障害となるものも見当たらない。

「いったい、なぜ、ハンドルを切ったのですか?」と訊《き》いてみた。

すると男はこう言ったのである。

「実はその……、女の人が出てきたので。それで慌ててハンドルを切ったんです」

「女の人? こんな時間に? こんなところに? それはどんな女の人でした?」

そう尋ねた瞬間、そばに立っていた女が急にしゃがみこんで泣きだしたのだ。

それを見て、我慢していたのだろうか、男も一緒になって泣きだした。いや、嗚咽《おえつ》している。Iさんは慌てて宥《なだ》めにかかった。

「あのう、そんなに泣くことはないですよ。飲酒運転もしていませんし、法定速度も守っていた。誰も怪我をしていない。あなた方は何も違反していません。ですから泣かれても困ります」

「す、すみません」と男はしゃくりあげながら、その時の状況を語った。


Iさんは言う。

「その内容は、にわかには信じられないものでした。実を言うと私、無線を受けた時は少し眠気もありましたが、それが吹っ飛びました。私は警官を長いことやっていましたから、何百回と事情聴取をしています。ですからわかるんです。どんなに言葉巧みに言われても、ウソをついていることはわかります。こちらはプロですから。でも、この人はウソは言っていないと確信しました。泣きながら言い逃れをしている、そういうことじゃないと。だから聞いている私も怖かったんです。そんなことがこの世にあるのかって思いました」


まっすぐな道を走っていると、女が急に現われたので、慌ててハンドルを切って電柱に激突した。その女は、助手席に座っていた彼女も見たと言う。

「あっと、同時に声をあげました。その人は知っている人でした」

「そうです。数週間前に死に別れた私の妻だったんです」

そしてまた、二人は泣きだした。

Iさんはこの話を聞いて、鳥肌がたったという。ただ、こんなことは調書に書けない。

Iさんの判断で、調書にはこう書いたという。

〈夜中走行中にタバコを吸っていた。タバコの灰を灰皿に入れようとして膝《ひざ》に落とした。それを払おうとした時に前方不注意となって電柱に激突した〉

そして、物損事故として処理された。

まだらの坂

Yさんは市役所のあるセクションに所属している。そのセクションは、例えば「ある社員がここ数日、会社に来ていない。連絡もつかないけどちょっと見に行ってくれませんか」とか、「約束したのに来ない。連絡しても出ない。部屋にはいるようなんだけど、確認してもらえないか」とか、「マンションに住んでいるが隣から異臭がする。そういえば隣人は老人の一人住まいなので、亡くなっているのでは？」といった通報が市役所、警察署、消防署のどれかにあると互いに連携して確認作業をする、というものだそうだ。

実は公にはならないが、奇妙な事件もあるという。

その一つを聞かせてくれた。

何年か前の夏のこと。

午後、一本の通報が市役所にあった。郵便局員からで「町に異臭がしている」というものだった。内容はそれだけ。場所もわかっている。そこは町中の住宅街。真ん中に住民たちの生活路が走っていて、長さ六十メートルにわたってゆるやかな坂道となっている。

「異臭がする」という通報を受け、Yさんは「おそらく独居老人の孤独死ではないか」と職員一人を現地に派遣した。ところが第一報がもたらされた。

派遣された職員によれば「これは独居老人の遺体が原因ではないようです」という。

「どうしてそう言えるんですか？」と訊くと、数枚の現場の写真が送られてきた。

「なんだこれ？」

住宅街のコンクリートの坂道。その坂道全体が白と黒のまだら模様になっている。

「これは、どういうことですか？」

「わかりません。ただ、この白い部分は全部、蛆虫《うじむし》です」

「えっ……蛆？　この坂、六十メートルありますけど、全部ですか？」

「そうです。すごい悪臭がしています」

アップで撮られた写真を見ると確かに無数の蛆虫がうごめいている。黒い部分のアップ写真もある。なんだこれは？

現場からの報告はこうだ。

「黒い部分は、なんだかよくわかりません。粘性のある液体のように見えます。なんでこんなことになっているのかもわかりません。これから近所に聞き込みをしてみます」

この情報は警察署も把握している。署からは刑事と鑑識官を現場に行かせたという。刑事は聞き込み、鑑識官は道の状態を鑑識する。

一体何が起こっているんだ、と首をひねっていると刑事から連絡が入った。

「現場には近づけません。悪臭と大量の蛆虫です。坂道沿いに空き屋があってそこに服を焼いた形跡があるとのことです。今から行って、事件性があるのか調べてみます」と言う。つづいて鑑識官からの連絡があった。

「黒い部分ですが、これ、動物の内臓です。ただし人間のモノではありません。動物の内臓が溶けて液状になっているようです。そんなものが坂道に点々と落ちています」

「そんなことになった原因はわかりますか？」

「まったくわかりません。想像だにつきません」

しばらくして刑事からの報告。

「坂道に沿った家で、防犯カメラを備えつけたご家庭がありました。この防犯カメラは坂道の方を向いていて、前を何かが通るとそれを感知して、ライトが点滅して自動的に録画状態になります。どうやら通報がある前後に二回、録画されています。観てみますと、一回目は通報の十分ほど前。猫が家の前の坂道を歩いているのが映っていました。この時の坂道には異常は見られませんでした。二度目は通報してきた郵便局員が通っています。この時はもう、坂道はまだらになっています。猫が通った後と郵便配達員が通過する間は約十分あります。この間になにかが起こったということになりますが、残念ながら防犯カメラはこの二回以外は作動していません。人は通っていないということです。もっともここを通行しようとした人は、あまりの坂道の光景に、通行することをやめて迂回《うかい》したものと思われます」

十分ほどの間に、六十メートルほどの長さの坂道を埋め尽くす蛆虫と動物の内臓がどこから誰によって運ばれたのか、さっぱりわからない。

意味がわからないまま、市としては清掃員を派遣して、坂道のまだらをきれいに清掃することを優先したという。

結局、服を焼いた跡というのは、事件と関係なく、迷宮入りしたという。

ところで、とYさんは言う。「坂道の件と関係あるのかどうかはわかりませんよ。でも、なぜこのタイミングでこんな報告が、と気になったことがありました。それは、そんな騒ぎの最中、二日ほど行方不明になって捜索願が出されていた男性が帰ってきたという連絡があったんです。それがその坂道に沿った家で、『どこに行っていたんだ』と家の人が訊《き》いたら『UFOに拉致《らち》されていた』ということだったって。ほんと、意味がわからない出来事でした」

周りの証言

同じYさんから聞いた話である。

独居老人の孤独死というのは、いろいろ困ったことが起きるという。家族、親族がいる場合は、その同意のもとに鍵《かぎ》を壊して部屋に入ることができるが、そういう人がいない場合、警察、消防の職務であるとしても、勝手に侵入することができない。このご時世がそれを許さないから、ということらしい。

これは去年の五月のことだという。

あるマンションの管理人から通報があった。

「マンションの○○号に住んでいるのが独居老人の方で、四、五日前から連絡が取れません。万一のことがあったら大変だと連絡しました」と言う。

現場に直行した。管理人から詳しい話を聞く。

「実はその両隣の方から異臭がするとの苦情があったんです。もともとその住人の方の部屋はゴミ屋敷みたいなことになっていて、その臭いかもしれません。でも、私が最後に見かけたのが一週間ほど前なんです。隣の方で、四、五日前にも見かけたという人もいます。ガスメーターや水道のメーターは管理人室で見られるんですけど、ここ、四、五カ月、あまり使用されていないようです。もしかしたら他に家があってたまにしか帰ってこない、ということかもしれません。ともかく苦情があったので連絡しました。もしかしたら中で倒れているということかもしれませんし」

隣の人たちも「そういえば、滅多に見かけないよね。でもたまに見かけるし、玄関のドアがバタンと閉まる音もすることがあるので、いることはいるようですね」

やはり、四、五日前が最後の目撃例のようだ。

警察と市役所がデータを調べてみる。やはり、身寄りのない老人。しかも、最近そういう人が増えたというが、警察や市役所には一切協力しないという人だったらしい。独居の方で何かあった時の連絡先や相談窓口は、と説明をしに行っても拒否され、顔も出さない。だからまったく記録が出てこないのだ。

消防署にも、搬送したという記録はない。ただ、古い記録が出てきた。

警察で一度、逮捕している。この場合、釈放時には身元引受人が必要なわけだが、そういう人がいなかった。だから特別に警察官が家まで同行した、という記録だった。

これはどうしようもない。

さらに聞き込みによると、やはり四、五日前にこの老人を見かけたという人が他にもいた。それ以後は誰も見かけていないらしい。

すると、ここ二、三日の間に、部屋の中で倒れたという可能性も否定できない。

親族の許可がないまま、突入、ということになった。

この場合、二つの選択肢となる。鍵屋さんを呼ぶか、窓を壊すか。

すると管理人が「鍵屋さんを呼んでください。費用は管理費から出しますから」というので、鍵屋さんに来てもらってドアを開け、市役所の職員立ち会いのもと、警察官と消防署員が突入した。部屋の中のベッドの上に、白骨化した遺体があった。

警察はこれが事件性のあるものかどうかという捜査に切り替えた。消防署員は立ち去り、近隣の人たちも「やっぱり亡くなってたんや」と口々に言いながら、帰っていった。

さて、Yさんが言う。

「僕ね、この現場にずっと立ち会っていたんですよ。それでね、誰も指摘しないんですけど、白骨死体ですよ。管理人さんの言う、水道やガスメーターが四、五カ月前からあまり使用されていない、という証言とは一致しますけど、でも管理人さん、一週間前に見かけたとはっきり言っていましたし、隣の人は四、五日前に見かけたと言っていました。それに両隣の人たちは、ドアの開け閉めの音を聞いていたとも言っています。これって……」

これで終わりにしましょう

似た話がある。

あるマンションで首つり自殺があった。

まだ二十代前半の若い男。

管理人のAさんは、警察を呼び、適切な処置もした。発見が早く、遺体に大きな損傷は見られなかったという。

警察の聞き取りが始まった。

自殺した青年は、わりと人付き合いがあり、マンションのみならず近所の人たちとも挨拶《あいさつ》を交わしたり、話しかけたりしていたようで、彼といついつ会って挨拶したとか、立ち話をしたという証言が集まった。

が、死亡推定時刻をはるかに過ぎている時間に会った、という証言が複数あった。

防犯カメラが撮った映像が残っていたので、Aさんと警察官がそれをチェックした。

誰もいない空間に向かって挨拶をしたり、話しかけたりする映像がいくつもあった。

「なんでしょうね、これ」

Aさんが首をひねった。

すると警官がこう言った。

「ま、これで終わりにしましょう」

幽霊の臭い

Sさんという女性は、大学時代を阿蘇山《あそさん》の麓《ふもと》で過ごしたという。

畜産科のある大学のキャンパスがそこにあったのだ。

キャンパスの近くには学生専用のマンションやアパートがあるが、他は何もない。

ただ、当時はコンビニが一軒だけあった。それで学生たちは、別段行く当てもなし、お金もないことも相まって、誰かの部屋に集まって宅飲みをする。

特にSさんの住んでいたマンションがコンビニに近いということもあって、毎晩のように学生たちが数人集まって飲み会が催されていたのである。

ある冬の夜。Sさんを含めて八人の学生が飲んでいた。すると玄関のチャイムが鳴った。

ドアを開けると友人のT君だ。

「ごめん、遅れたわ。やってる？」

アルバイトの帰りに寄ったという。ところがドアを開けた瞬間、異臭が漂ってきたのである。冬のこと、T君が汗をかいているというわけではない。いうならばそれは、濡《ぬ》れた柴犬《しばいぬ》の臭いだったという。

T君はそのまま部屋の中に入ってきて、みんなを見て言った。

「ごめん。遅なったわ。バイトからの帰り、急いできたんで、俺、酒もつまみも持ってないんよ。今からコンビニ行くけど、一緒に行くヤツおらん？」

すると三人が「俺行く」「私も」と、T君と一緒に出ていった。

臭いはそのまま残った。

「ねえねえ」とSさんは残ったメンバーに話しかけた。「今、T君、すっごい臭いしてなかった？　なんか濡れた柴犬みたいな臭い。今もその臭い、残ってるよねえ」

すると部屋に残っている友人たちは「え、そんな臭いした？」「してへんよ」と首を横に振る。しかし、Mさんという女友達は「違う。柴犬じゃない」と言いだした。

このMさんは、ちょいちょい妙なものを視《み》る、いわゆる霊感があるという女性である。

「私ね。視たの。T君の腰のところに小学校の一、二年生かなあ。そのくらいの年齢の男の子がしがみついてた。その子、ずぶ濡れだった。その子の臭いよ。ちょっとT君、怪我かなんかに気をつけた方がいいかも」と言う。

男の子はこっちを見て、にこにこ笑っていたらしい。

十分ほどして、四人が帰ってきた。やっぱりT君からは異臭がする。Mさんは首を横に振って嫌な顔をしている。

結局深夜になってT君が帰るまで、SさんとMさんは、ずっとその異臭に耐えていた。

朝になって、ようやく残りのメンバーもみんな帰っていったが、あれほど漂っていた異臭も嘘のように消えた。

それと関係あるのかはわからない。

T君は課外授業中、牛の世話をしているとき、何者かに蹴《け》られたような衝撃を受けて腰の骨を折る重傷を負った。圧迫骨折と診断され、二週間の入院となった。

誰に蹴られたのかはわからない。周囲にそれらしき人もいなかったという。

Sさんは、今も街を歩いていると、たまに濡れた柴犬の臭いのする人に出くわすという。

出口を求めて……

Kさんは今、フィギュアの造形師をしている。

彼は福岡《ふくおか》市の出身で二十五年ほど前は、地元の大型ショッピングモールにあるフィギュアショップで店員をしていたことがあるという。

モールのある警備員と仲良くなった。

その人はKさんの一年後輩。N君と呼んでいたという。

N君もフィギュア好きということもあって、休憩中よく話すようになり、そのうち飲みに行くようになった。この話は、KさんがそのN君から聞かされたというものだ。

一九九五年、Kさんたちの勤めるショッピングモールの親会社が、熊本《くまもと》市に旗艦店をオープンさせることとなった。これも大きな店舗で大々的に宣伝をして、オープニング・イベントを盛り上げて集客をはかることになる。すると警備員も多数必要となる。

そこで福岡店の警備員が呼ばれたのだ。

もちろんN君にも声がかかったが、彼は頑《かたく》なに拒否をした。それで他の若手警備員が数人、熊本店に派遣されたのである。

オープニング・イベントなので四、五日したら戻ってくるのかと思っていたら、一週間、十日とたっても警備員たちは戻ってこない。こちらも手が余っているわけではない。早く戻ってきてほしいと思っていたら、一ヵ月後にようやく戻ってきたのである。

派遣されていた一人の若手警備員に声をかけた。

「お前ら、なにがあったとや?」

「Nさん。あそこ最悪っすよ」という返事があった。

その警備員が言うには、オープニング・イベントは大勢の集客があり、改装されたばかりの店舗も評判になり、トラブルもなかった。イベントそのものは大成功だった。ところが、夜中の巡回が問題だったという。

真夜中の無人の大型ショッピングモール。

改装されたばかりの広々としたフロアを、警備員たちは懐中電灯を片手に巡回する。ところがある一定の時刻になると、一斉に何十人、いや何百人もの足音が沸き上がってきて、バタバタバタバタッと走りだすというのだ。それが出口へと走っているのがわかる。

そしてその足音は、自分が巡回しているフロアだけではないともわかる。下の階から、上の階から同時に大勢の人たちの足音がやって来て、フロアのあちこちを駆け巡る。

あまりのことに警備員は固まってしまう。

それが毎夜、必ず起きたというのだ。

それでアルバイトの警備員たちは怖がって次々に辞めていく。ただN君たちは、福岡店の社員なので辞めることができない。それで一ヵ月も拘束されていたというのだ。

「Nさん。これってなんですか？」と若手警備員は首をひねった。

「ああ、お前知らんとや。あそこ、大洋《たいよう》デパートの跡やけん」

大洋デパート火災事件は、あの大阪の千日《せんにち》デパート火災事件の翌年、一九七三年十一月二十九日午後一時五分頃に発生した。千日デパートは閉店後の火災だったが、熊本市の大洋デパートの火災は営業中に起こったものだった。

火災のため、停電となった暗闇の店内を、買い物客や従業員数千人が、出口を求めて店内を逃げ回ったという。

死者百四名、負傷者六十七人、ある報道では百人以上の負傷者があったとしている。

最悪のデパート火災事件の一つとされるものだった。

ただ、建物はそのまま残り業者が替わって何度も改装され、営業は続けられたが、Kさんたちが勤めていた時のショッピングモールの親会社が、熊本に旗艦店を出すことになって、また改装されたのである。

今はその建物も老朽化により取り壊され、オーナーも替わってまったく別の建物が建っている。

ただ、不思議なのは火災があったのは昼間だったのに、真夜中に足音が沸き上がってくるということだ。

昨年は大洋デパート火災事件から、ちょうど五十年めだった。

靴

今は学校で理科の先生をしているOさんが、三十年ほど前に体験したことだという。

当時彼は、大学院生。夏休みに四国の実家に帰った時のこと。

「どこかに遊びに行かんか」と、同じ大学に通う高校からの友人K君から連絡があった。

「そうやな。じゃせっかくなんで、山へ行ってみないか。山の生物の生態を観察してみたいんやけど。車は俺が出すから」

男二人、ドライブに出かけた。

明確な目的があるわけではない。車で走っていて気になるものや、観察してみたいものがあれば車を降りて見る、という気まぐれなもの。

午前中に出かけたが、午後になってある山道に入った。行けるところまで行ってみようと走らせていると、雑木林にあたった。ここから徒歩で山を登る。この先に何があるのかは知らない。ただ、山の生物の生態を観察するのに頃合いがいいと思ったのだ。

そのまま二人が雑木林を歩いていると、開けた場所に出た。

ポツ、ポツ、と家が建っている。それが今どき、茅葺《かやぶき》屋根の家。電柱もない。

「こんなところに集落が？」

「なんや、横溝正史《よこみぞせいし》の世界みたいやなあ」と言いながら、あたりを見て回る。

家は古いし、人気《ひとけ》もない。ただ、家そのものは廃墟《はいきょ》というわけではないようだ。

ふと、玄関の引き戸が開いている家を見つけた。中を覗《のぞ》いてみる。

竈《かまど》があって、火が熾《お》こっている。

ということは人がいる。

この村について興味がわいた。家の人にいろいろ訊《き》いてみよう。

「すみませーん」と、家の奥に向かって呼んでみた。

反応がない。

「誰かいますかあ？」

やはり反応がない。

他の家の状況をよく観察してみる。昔風の家のこと、破れた障子や戸の隙間から中の様子が見える。ある家は、お膳《ぜん》の上に食事の用意がされている。ある家には布団が敷いてあった。

生活感はある。しかし、村には人っ子一人いないのだ。

「なんかここ、気持ち悪いわ。もう帰ろうか」

ところが帰り道がわからない。雑木林を抜けたわけだが、村の周囲が雑木林なのだ。

「どっから来たんだっけ」

するとK君は「こっちや」と指さすと、歩きだした。ついていくと踏み固めた一本道があった。K君はその道をすたすた歩く。

「おいおい。こんな道、来た時通らんかったぞ。おい、どこ行くんや」

仕方なくついていくと、道端に池があった。

澄んだ水。池の真ん中に弁天《べんてん》様だろうか、小さな島のようなものがあって祠《ほこら》がある。その祠のまわりの水面に、何かがいっぱい浮いている。

「なんだあれ？」

よく見ると、靴だった。

大量の靴、履きものが浮いている。

藁草履《わらぞうり》、下駄、黒や茶色の革靴、スニーカー、ハイヒール、長靴、子ども用のサンダル、ありとあらゆる靴が、祠を取り巻くように浮いている。

すると、ギギッと祠の観音開きの戸が開いた。

中から、太ももから下の脚が出てきた。半透明だ。それがそのまま池の上に立った。

よく見ると、足袋《たび》に藁草履を履いている。

それがこっちを向くと、水面を歩きだした。近づくにつれ、半透明の足がだんだん実体化していっている。あのままあの足がこっちへ来て地面に立つことを想像すると、ゾッとした。

「おい、帰るぞ」

K君はと見ると、彼は祠の遥《はる》か向こうをぼおっとして見ている。

「おい、行くぞ」

彼の手をとってもと来た道を引き返し、再び村へと入った。そして、自分たちが通って来た雑木林を探した。相変わらず村には人っ子一人いない。しかし、今度は人の気配がするのだ。なんだろ、さっきとは違うこの感覚。

あっ、と思った。

村の様子をよく見ると、くるぶしあたりから下の半透明の足が、村のあちこちを行き来している。一体や二体ではない。靴は履いておらず、みんな裸足《はだし》だ。

怖くなってK君を連れて、目の前の雑木林に入った。そのまま道のない林をさ迷って、やがて車が行きかう県道に出た。近くの商店の公衆電話から実家に連絡すると、Oさんのお父さんが車で迎えに来てくれた。

「お前、車はどうした」と訊かれたが「ちょっと事情があって、置いてきた」というと、それ以上は訊かれなかった。

K君を家に届けると、やっと実家に戻れた。その夜のことである。

Oさんが寝ていると、ボタッという何かが落ちてくるような音がして目を覚ました。

「なに、なんの音」

また、ボタッ。

どうやら、部屋の外から聞こえる。窓を開けて外を見る。

下駄が一つ、庭に置いてあった。

ボタッ、また音がした。下駄がもう一つ。

「下駄？」

懐中電灯を持って、裏戸から庭に出てみる。庭に、下駄だけではない、サンダルや長靴、スニーカーが置いてある。ボタッ、また音がする。どうやら履きものが、降ってきている。そんな感じがする。

ボタッ、また靴が増えた。ボタッ、また一つ。

音に惹《ひ》かれたように、その方向へと足が赴く。ボタッ、ボタッ、次々と靴が落ちてくる。

そのまま道路へと出た。道路にも落ちている。それを追う。

女性用のブーツ、白い革靴、ビーチサンダル、しかも片方ずつ。

「おい、Oやないか」

突然呼び止められて、ハッと我に返った。幼友達のF君だった。

「なにしとるんや」

そう訊かれて、「いやな、靴がな……」

「靴、なんやそれ。そんなもんないやないか」

「いや、確かにこのあたりにたくさんの……」

靴など、ない。

「寝ぼけとるんやな」と言われて気がついた。パジャマに裸足だったのだ。


朝、お母さんに起こされた。

「K君のお母さんがお前に聞きたいことがあるって、来てはるよ」

玄関に行ってみると、K君のお母さんがいた。

「あのう、うちの息子、知りませんか？」という。

「昨日、一緒にドライブに出かけて、僕の親父とそちらのお宅に送り届けましたけど。それからは連絡はとっていません」

「じゃあ、どこへ行ったんでしょ」とおろおろしている。

聞くと、K君は真夜中に「靴が、靴が」と言いながら外に出ていったきり、朝になっても戻ってこないという。

結局、これは警察に捜索願が届けられることになったという。

しかし、Oさんはこの K君を一度、見かけたのだ。

それは、あの日から三日たって、お父さんとあの雑木林に車を取りに行った時のことだという。お父さんの車で現地に行くと、車は乗り捨てた状態であった。

さっそくOさんが乗り込んで、車を出そうとした時、バックミラーに映ったのだ。

雑木林に沿って、大勢の人が並んでこちらを見ているのが。

肉眼では見えない。ミラーの中にだけいる。

その中に、ぼおっとした表情で立つK君の姿があった。

「親父、ちょっと行ってくる」

お父さんにそう声をかけると、車を降りて雑木林の中に入っていった。しかしもう誰もいない。

こうなったらすべてを話した方がいい。そう思ってこの時初めて、お父さんに三日前に見たもの、その後あったことを話した。そしてお父さんと再び雑木林に入ったが、集落などない。また、地図を広げてみるが池すらもない。

帰り道、県道に出て近くのお店や、通りかかった農家の人に声をかけてみたが、あの山には集落なんかないし、池などないと、誰もが首を横に振った。

K君はいまだに行方不明のままだという。

ただ、K君がいなくなってちょうど一年後、差出人不明の荷物がOさんあてに届けられたという。段ボールの箱で、開けると靴がいっぱい入っていた。

その関係はわからない。

しかし他に心当たりはない。再びあの場所へ行くのははばかられたが、車であの雑木林へ行って、荷物はそのまま雑木林の前に置いてきたという。

第二オペ室

Y県のA病院の耳鼻科。

ここは、オペ室が第一、第二と二つある。

第一オペ室が普段手術に使われている。

ところが手術中、誰も使っていないはずの第二オペ室から、よく音が聞こえてくるのだという。

何かが落ちる音、人が歩く音、機械が作動する音。こういうことが起こったのはここ数年のことだ。

「なんかあそこ、ほんとに気持ち悪いなあ」というのが、関係者全員が共通に持っている認識だ。ただ、何かを見た、という人はいない。

ある時期から、音がまったくしなくなった。

「最近、音、しなくなったなあ」

「結局、あの音って、なんだったんだろ」

それはそれで、みんなは首を傾げる。

だが、一年ほどして、また音がしだした。

ある日、第二オペ室で手術が行なわれた。第一オペ室がたまたまその時使えなかったのだ。

スタッフは医者が三人、看護師一人の四人。

手術中、室内の自動扉が急に開いた。思わず四人は扉の方を見る。

半透明のオペ服姿の男が入ってきた。

びっくりしていると、すうっと消えた。

その瞬間、看護師が悲鳴をあげた。そのままパニック状態となった。

看護師は「もう帰らせてください」と言って、ほんとうにオペ室を出ていってしまった。

残った三人でなんとか手術を終えたが、三人とも、ずっと手が震えた状態だったという。

おじいさん先生

N子さんの主治医はS先生という人だった。

地元では有名な人で、かなり高齢なおじいさんだったという。昭和の気質が残っていて、診察中でもタバコの煙を吹かしていた。

S先生はS医院という病院を個人経営していたが、ある日からその息子さんと二人体制になった。S先生もだいぶお年なのだろう。N子さんたち患者さんは、二人を若先生、おじいさん先生と呼ぶようになった。

ある日、N子さんは子どもを連れての買い物帰り、そのS医院の前を通ると、葬式用の白黒の花輪が並んでいた。

(あ、おじいさん先生、亡くなりはったんや)

そう思った。

一週間後、N子さんは風邪をひいて、S医院に行った。

当然、若先生が診てくれたのだが、いつものタバコの煙と臭いがある。

若先生はタバコを吸わない。それにこの臭いはおじいさん先生のタバコのものだ。

ふと、診察室と隣接するドアを見た。

するとドアが半開きになっていて、その奥にある院長室が見えた。

そこに、おじいさん先生がいたのだ。

手前のソファに背を向けて座っていて、煙をもくもくさせながらタバコを吸っている。

(あれっ、おじいさん先生、死んだんちゃうの？　それともあの葬式用の花輪は別の人のもんやったんかなあ)

しかし、やっぱりおじいさんは一週間前に亡くなっていたことを、後に知ったのだという。

除　霊

Rさんという女性は、大阪府下の小さなお寺が実家であるらしい。

これは彼女が小学生の頃、つまり四十年ほど前のことだという。

家は、お寺の本堂と母屋が渡り廊下で繋《つな》がっていて、その離れにRさんの部屋、祖父母の住む母屋の居間が離れの向かいにあって、ドアを閉めても祖父母の声が聞こえてきたり、摺《す》りガラスの向こうを通る祖父母の服の色まで見えたという。

ある夜のこと。

部屋にいたとき、そのドアの摺りガラスの向こうに人が通るのが見えた。

祖父と父が通ったようで、なんだか上等の袈裟《けさ》を着ていたように思った。

そしてそのまま、車でどこかへと行ったようだった。

僧侶《そうりょ》である祖父と父がこんな時間に袈裟を着て出かけるとしたら「枕経」であることが多い。檀家《だんか》の人が亡くなると、お通夜の前に枕経を唱えるわけだ。しかし、そういう時は、普段の命日や檀家まわりなどで着る黒い着物のはずだ。

それでRさんは不思議に思ったのだ。

（じゃあ、誰かのお葬式？ いやいや、こんな遅い夜にお葬式なんかない。また、二人も僧侶が呼ばれることもない。なにがあったんだろう）と想像していると、なんだか怖くなってきた。

朝になって、父と祖父は戻っていたが、「何があったの？」とは訊《き》けずにいると父の方からこんな話をしだしたのだ。

「昨夜な、親父と一緒に除霊に行ったんやけどな」

除霊？ やっぱりそういうことかと思ったが、うちがそんなことをしていると初めて知って、また怖くなった。

父が言う。

「そもそも、除霊なんかしたことがないし、そんな相談を請け負ったりはせんのやけど、隣町のスナックのママさんと若い女の子が、夕方に訪ねて来はってな。店に幽霊が出るから何とかしてほしいと頼まれたんや。うちにそんなこと言われてもと最初は断ったんやが、ちょっとその様子が尋常やなかったんでな。話を詳しく聞いてみたんや」

それはこんな話だったという。

そのスナックは、同じ建物に二つドアがある。

左のドアがスナック。右のドアが喫茶店。その間に壁がある。

経営者はどちらもそのママさんで、昼間は喫茶店、夜になるとスナックを開く。

雇っているのは、その時同行していた若い女性で、彼女も掛け持ちをしているという。

その日の昼間のこと。

母親らしき女性と幼い女の子が喫茶店にやって来て、ミックス・ジュースを二つ注文した。

それで従業員である若い女性はミックス・ジュースを作って、テーブルを見るともう二人はいなかった、という。

あれっ、と思った。

店のドアが開閉すると音が鳴る。だがそんな音はしなかった。

なんだか忽然《こつぜん》と消えたような気がして、ちょっと薄気味悪かったという。

夕方になって、スナックにお客さんがやって来る時間となった。

喫茶店は閉店にして、スナックでお客さんの接待をはじめた。

すると、従業員の女の子が突然、悲鳴をあげた。

お客さんたちがその子を見る。喫茶店とスナックを隔てている壁に鏡が掛かっている。

「どうした？」

「昼間のお客さんが、鏡の中にいる！」と叫んでいる。そして怖がりはじめた。

「鏡の中？」

みんなが注目する。

「あっ」

ママさんもそれを見たという。

鏡の中に立ち姿の若い女性と幼い女の子が映っている。もちろんそんな親子は、スナックにはいない。

お客さんたちも「どれどれ」と鏡を見るが、彼らには見えないらしい。

「そんなもん、おらんやないか」

しかし、とうとう従業員の女の子は泣きだしてしまった。また、鏡の中の親子も、ママさんが見た限りにおいては、何かを言いたげなんだけども、結局自分は何をしてあげたらいいのかわからない。それでお客さんには帰ってもらって、スナックを閉めて、その足でこの寺に駆け込んだのだという。

「そう言われると、断るわけにはいかんわ。親父と相談して二人で行くことにしたんや」というのだ。

現場に行くと、確かに鏡が掛かっていて、女の子は「今もあそこに映っています」と言うが、父にも祖父にもそれは見えなかったらしい。ともかく、鏡に向かって二人でお経を読んだ。しばらくするとママさんと女の子は「子どもだけ消えた」という。でも母親はまだいるらしい。

「よお顔が見えるように、鏡を拭《ふ》いてあげたら？」と祖父が言ったので、ママさんが布巾《ふきん》で鏡を拭き出した。すると「顔が怒っている」と女の子が言いだした。

「その怒った顔に、何がお望みですかと訊いてみなさい」とまた祖父が言った。

女の子が鏡に向かって、「何がお望みですか？」と訊いた。

すると、頭の中にメッセージが来たらしい。

「なんか、頭に浮かびました」と女の子が言う。

「このお店の裏に、空き家があるみたいです。その空き家の二階へ上がる階段があるって。その上に、子どものおもちゃとお水を、置いてください……、そう言ってます」

そうしたら、その母親も姿を消したという。

「今日の午後、そのお店のママと女の子と一緒に、その空き家に行ってくる」と言って、その昼に、父一人が出かけていった。

後日、わかったことがあった。

その日、コップ一杯の水と女の子が遊びそうな人形のセットを、階段の上に置いて帰った。翌日行ってみると、コップの水はなくなっていたらしい。

ご近所さんにいろいろ訊くと、その空き家にはもともと三人家族が住んでいたということだ。しかし何かの事情で父親がいなくなって、しばらく母親と幼い女の子だけが生活していたが、その親子も、家の中で遺体として発見されたらしい。そしてそれ以上のことはわからない、という。

また、それ以来、スナックの鏡に親子が映りこむこともなくなったらしい。

それから四十年ほどたった今も、そのスナックと喫茶店が入っていた建物はあるという。

ただし経営者は替わったようで、お店の名前も変わり、お店自体はカラオケスナックとバーになっているそうだ。

恩賜のタバコ

恩賜のタバコとは、天皇陛下から一般の人に贈られるタバコのことである。

恩賜とは、天皇がくださる、という意味である。

ただこれは、時代と共にタバコの在り方が大きく変わったことにより、二〇〇六年の末に廃止された。

今、塾の講師をしているSさんが「私の母から聞いた話なんですけどね」と言って話してくれたものである。


ある知人から、恩賜のタバコをもらった。

「ありがたいことだ。ご先祖様に知らせよう」

仏壇にタバコを一本立てかけて、お線香に火をつけた。

そしてしばらく席を外して、戻ってきたところ、そのタバコから煙が立ち昇っていたのである。

「えっ、火元はなに？　お線香？　でもないなあ。それにタバコって、吸わないと火はつかないんじゃ？」

タバコはまるで、ご先祖様がおいしそうに吸っているようだったそうだ。

タバコの火

つい最近のことだという。

会社経営をしているMさんは、会社と自宅がわりと近い距離ということもあって、たまに歩いて帰ることがある。

その夜も歩いて帰った。

時刻は七時頃。闇に包まれているが、町の中なのでそこそこ灯りはある。

途中に駐車場がある。そこは感知式のライトはあるが、普段は真っ暗となる。

そこに、一台の車が停まっている。スカイラインだ。駐車場だから車が停めてあっても不思議ではないが、運転席に誰かが座っているのがわかった。

運転席の窓が開いていて、そこからだらりと腕が出ている。その先に火のついたタバコがあって、ポンポンと指でそれを叩《たた》いている。灰を落としているのだろう。そして腕が車の中に入ると、タバコの火が運転席に見えた。男がタバコを吸っている。タバコの火でなんとなく男の顔が確認できる。この時、その車までの距離は二十メートルほどだったという。

（なんや、あの人。あんな暗いところでタバコ吸って。あっそうか。家に子どもでもいて、それで気兼ねして家を出て車の中で吸ってるのか。奥さんに言われたんかな。かわいそうなお父さんやな）

そう思いながら、こちらは歩いているので目の前十メートルのところに車がある。再び腕が出てきて、タバコを下に落とした。そしてまた、腕が引っ込むと、ライターに火が付いた。もう一本、吸うのだろう。

この時、Mさんのスマホにラインが来た。見ると友達から。

それを読んでまた頭を上げた。その間、数秒。

そのスカイラインはすぐ二メートルほどの距離にあった。

運転席の窓は閉まっていて、誰もいない。

（あれ？　人、いたよな。降りたんかなあ）

そんなはずはない。

目を離したのはほんの数秒。それにこの距離だから、降りればわかるはずだ。

周りを見ても誰もいない。

車に近寄ってよく見てみた。

地面には、タバコの灰も吸殻もない。ボンネットを触ってみると冷たい。

誰も乗っていなかったのだと確信した。

じゃあ俺は、さっき何を見たんだ？

Mさんの唯一の不思議な体験だったという。

福の神

Fさんが大学を卒業して、ある会社に就職したのはバブル全盛時代のことだという。

仕事は外回りが多かったが、週に一日だけデスクワークをする。

伝票の整理や経理の補佐をするのである。

この時、いつもそうだったが、自分が座っているデスクの左側に、人がいる気配がするのだ。しかしそこには壁があるだけで、もちろん誰もいない。しかし気配はする。

気になって仕方がない。

誰もいないしなあ。けど、いるんだよな。なんだろこの感覚……。


ある日も気配を感じて、ふと左を見た。

人がいた！

年のころは六十から七十歳くらいの恰幅《かっぷく》のいい男。丸顔で眉毛《まゆげ》が太く、口を大きく開けてにこにこと笑っている。

「だれ？」

思わず声を出した。

午後のオフィス。ここでは大勢の従業員が働いている。

Fさんの声に、「なに？」と反応した従業員が何人かいたが、すぐ顔を下ろすとそのまま仕事を続けている。

（ひょっとして、この人、俺にしか見えていないのか？）

でもいる。

立っている。にこにこ笑っている。

その顔は優しいが、服装は高級なもののようで、映画で見るマフィアのドンみたいだなあと思う。

それからは、この週に一度のデスクワークの日に、その老紳士がたまに出るようになった。

ただ、こちらを向いてにこにこ笑っているだけで、何もしないし、何も言わない。

また、Fさん自身もだから何があったとか、仕事に支障をきたしたとか、そういうこともない。最初はこの老紳士を奇妙に思っていたが、そのうち慣れてしまった。

そしてデスクワークの日になると「あのじいさん、今日は出るのかなあ」とちょっと楽しくなってきた。そうなのだ。

あのじいさんが現われると、なんだか楽しいのだ。いやな気持になったこともない。

ところが、一年ほどして、パッタリとその老紳士は出なくなった。ちょうどバブルが崩壊して、Fさんが勤めていた会社も経営難に陥った。そこからは会社の立直しのために、大変な苦労をしたという。

Fさんは言う。

「今にしてみると、あの男は福の神じゃなかったのかなと思うんですよ。もう一つ、不思議があって、その男の印象が、僕の頭の中ではモノクロなんですよ」

大入り

都内に住むIさんは、よくストリップを観に行くらしい。

「実はさっきまで観に行っていて、その足で中山《なかやま》さんに会いに来ました」という。

都内には、いくつかのストリップ劇場があって、いずれも満員になると大入り袋が出る。

大入り袋は、人気の踊り子さんが出演したり、キャスティングがよかったりすると出ることが多いが、そうでないときに出ることもある。あるいは人気のある踊り子さんが出ているのに、観客席は閑古鳥が鳴いていることもある。

ある日、Iさんが観に行くと、地味な踊り子さんばかり出ていたのに大入り袋が配られた。

劇場の人とは、もう顔見知りである。

帰り際、劇場の人に「今日、大入りだったよね。なんで？」と訊いた。

すると「ああ、今日、姐《ねえ》さんが来てたからだよ」と言う。

「姐さんて、誰？」

「この業界の大先輩だった踊り子の姐さんだよ。もう亡くなってんだけどね。そのお姐さん、今日楽屋に来てるんだよ」

「えっ、じゃあ、幽霊が出たの？」

思わずそう言った。

すると劇場の人は言った。

「いや、幽霊じゃないんだ。その姐さん、すごくきびしかった人でねえ。なんかお目付け役みたいで。その姐さんが生前つけていた香水が、ずっと楽屋に香っているんだよ」

どうやら、そのお姐さんの香水が香った日は必ず大入りとなり、しない時は、どんなに人気の踊り子をキャスティングしても、大入りには絶対にならないという。

作業場

電気設備関係の会社に勤めるOさんは、現場監督としていろいろな現場に入るが、いろいろ不思議なことがあるという。

ある工場に設備を交換するために入った。すると、地下と二階に入るときは二度手を叩《たた》くように、と言われた。

「なんで？」と訊《き》くと、そうしないと奇妙なことが起きるらしい。詳しく聞くと、あまり奇妙なことが起きるので、霊媒師を呼んだことがあるという。ところが「これは強烈すぎて、祓《はら》うことができません」と断わられた。そして「ここにいる霊は、入ってくるとすごく怒ります。ですから、入るときには、入りますと二度柏手《かしわで》を打って挨《あい》拶《さつ》をしてください」と言われたという。

さて、一緒に来ている作業員にこのことを言おうか言うまいか、Oさんは迷った。

こんな話を聞かせて怖がられて作業に支障があってはいけない。まあ、今回は地下に降りる手前の階段までの作業なので、言わないでいた。

作業が終わると、作業員から「ここ、なんかあるんですか?」と訊かれた。

「どうして?」

作業中、ずっと鈴《りん》の音が聞こえていた。実はそれはOさんも聞いていた。仏壇の前にある鈴の音だった。

あるいは、とんとんと肩を叩かれて「なに?」と振り返るが誰もいなかったり、いても「呼んでないけど」と言われる。

全員がそんな体験をしたという。

これは、Oさんの若いころのこと。

大阪の千日前のあるビルの全面改修工事があった。

この時、現場に入る前に作業員は全員清めの塩を渡された。作業が終わって、現場を出る時必ずお塩を体にかけてください、と言われた。そして、作業は夕方五時までに終えること。残業は禁止となった。

もう、お気づきだろう。千日デパートの火災があった場所だ。

Oさんはこの時、一階と二階の間の天井で作業をしていた。照明はなく、暗くて何も見えない。それで懐中電灯をもって補助の人と二人で現場に入った。そして「ドライバー」とか「ペンチ」と言うと、補助の人が渡してくれる。

作業が終わって一階に降りた。すると誰もいない。時間も夕方六時を過ぎている。仲間に連絡を取ってみると、全員五時で撤収していた。そしてOさんをみんなで捜したという。

「いや、補助についてもらってたんやけど。そういや、補助してくれていた子、どこ行ったんや」

すると「いやいや、Oさんだけいなかったんですよ。それに誰も補助なんかについていませんよ」と言われた。

姫路《ひめじ》市のある結婚式場の建設には、着工から携わった。

ここは元は墓場だったという。

許可をもらって更地にした。ところが井戸があった。土木関係の作業員たちは「まあ、許可もろてるし」と言って、その井戸も埋めてしまった。

式場が完成した。

Oさんがある部屋で作業していると、式場の人から「悪いですけど、作業のついででいいのでこの鏡、そこの壁に付けといてくれませんか」と頼まれた。

「ああ、いいですよ」と引き受けた。

三十センチ四方の鏡。二か所、ビスで留めて固定した。

ところが翌日、その部屋に入ると鏡が取り外されて、下に置いてあった。式場の人がそれを見て「あれっ？　あの鏡、壁に付けといてくださいって、お願いしましたよね」と言う。

「いや、取り付けて、ビスで留めたんですけどね」

今度は四か所、ビスでキッチリ締めて固定した。

次の日、また鏡は外されて下に置いてあった。

「ああ、じゃもういいです」と、今度は式場の人が取り付けた。そして、額や装飾品の飾りつけを手伝った。

翌日、鏡のみならず、額や装飾品のすべてが床に置いてあった。

この部屋は新婦さんの家族の控室となるのだが、埋め立てた井戸の上にあったのだ。

ここは今も、妙な物音がしたり、スッと何かが動いたり、鏡に知らない女が映りこんだりしているという噂があるという。

工事現場

Tさんが臨時雇いという形で、水道管の敷設作業をしていた時のことである。

ミニショベルに乗って、Tさんが敷地の隅にある止水栓から、中央に向かって掘削をしていた。

すると、掘削の相番をしていた先輩作業員が、作業を止めるように指示してきた。

ミニショベルを停めると、先輩作業員が「あそこの脇のところに穴があるから、ちょっと確認するわ」と、指さした方向に歩きだした。Tさんもミニショベルを降りて、後に続いた。

なるほど、さっき崩した先に、ぽっかりと穴が開いていて、その底に水が溜《た》まっている。けっこう深い。その脇に土で汚れた陶器でできた白狐が埋まっている。

先輩作業員の表情が変わった。

「これは……」

そう言いながら携帯電話を取り出しながら「ちょっと確認したいことができた。みんな休憩してくれ」と言う。そしてどこかへ連絡している。

話している内容が「こんなものがあるとは聞いてないよ。いやいや、このままじゃ、作業は続けられないって」と、なんだか語気を荒くして交渉しているようだ。

しばらくやり取りが続いているので、Tさんもそこらに腰かけてタバコを吸っていた。

すると、電話を終えた先輩作業員は、現場にいたみんなに向かって、手でバッテンのジェスチャーをとりながら「作業中止!」と大声を張り上げた。

「中止? どういうことですか?」

「なんでもいい。今日はここまで。まだ昼前だけどもう帰るぞ。社長には俺から連絡入れるから」と怒鳴っている。

Tさんはミニショベルに乗りこむと、所定の場所に移動させて、鍵《かぎ》を抜き、カバーを掛けた。それを近所に住んでいて顔見知りになったおじいさんが見ていて、敷地の外から「なんだ、今日はもう帰るのかい。まだお昼前なのに、随分と早いんだねぇ」と声をかけてきた。

「なんだかわかんないんだけど」と、Tさんは今あったことをありのまま話すと、おじいさんは「そうかい。やっぱりねえ」と言うと早足で家へと入っていった。

Tさんは、結局わけがわからないまま、帰宅したのである。

その夜、先輩作業員から連絡があった。

「明日《あした》のことだけど。現場に行かずに施主の不動産屋に来い。俺と社長も行くから」と言う。

なんだかわからないまま、翌朝はその不動産屋に赴いた。

入ると先輩作業員と社長は既に来ていて、険しい顔をしている。先輩は小声で「お前が一番ヤバいんだからな。気をつけろよ」と言ってきた。

「なんなんですか？　さっぱりわからないんですけど」

そう言っていると三人は会議室に案内された。

そこには、責任者と思われるスーツ姿の中年男性と、私服姿の初老の男が座っていた。Tさんたちを見ると、彼らも立ち上がって互いに挨拶《あいさつ》を交わし、すぐに中年男は土地の地図を広げると、なにやら説明をしだした。Tさんはその現場付近の土地には不案内なので、聞いていてもよくわからない。社長も先輩も同様のようで、何度も何度も説明を求めたり、訊《き》き返したりしている。

一時間ほどして、ずっと黙っていた初老の男が「けっきょくのところ、掘削した本人は誰なんだね？」と言った。

「こいつです」と先輩がTさんを指さした。

すると初老の男は黙って、会議机の上に置いてあったカバンから小瓶と何かを包んだ紙を取り出すと、Tさんに差し出した。

「この包みの中に塩が入っているから、それを舐《な》めて、瓶の中の水を一息で飲み干しなさい」と言う。思わず社長を見ると、うんと頷《うなず》く。

なんだかわからないが、指示された通りのことをすると、「まあ、多分これでこの人は大丈夫だ。だけどこの土地はねえ」と社長やスーツ姿の男に向かって言う。

やっぱりわけがわからない。

「先輩、これって……」と言いかけると「もういいから。お前は車のところに戻って、中で待機してろ」と言われた。

結局、その後も一時間ほど待たされた。何が話されていたのかもわからないまま、その日は帰宅したのである。

さて、これは後日、社長から聞かされた話だという。

あの水道管の敷設作業をしていた土地には、以前、大きな屋敷が建っていて、ある家族が住んでいたが、ここのところの不景気で、その屋敷と、経営していた畑などすべてを売り払って、他県へ引っ越したという。競売にかけられていたその屋敷を買ったのが、今施主となっている不動産屋だったらしい。

そこでその土地の造成を頼んだ業者が、あまりいい業者ではなかったようで、随分と乱暴な工事をして屋敷を取り壊し、畑もならしたが、その際、畑の隅に祀《まつ》られていたお稲荷《いなり》の小さな祠《ほこら》と、その脇にあった井戸を、何の手順も踏まずに埋めてしまったのである。

ただ、この業者は施主に対しては、ちゃんとした手順を踏んで、神社の神主さんにも来てもらってそれなりの処置はしたから、と、割増料金を請求してきたというのだ。

ところが、その手順が為《な》されていなかったことが、先日の工事で判明したのである。

あの会議室にいた初老の男は、その不動産屋と親しい、神主さんだったそうで、Tさんが車で待機していた時、随分とスーツ姿の責任者を叱咤《しった》し、その土地の清め方、地祓《はら》いの儀式をやり直すことを、社長や先輩に説明したらしい。

それで、その儀式一切をその神主さんに依頼したので、近く、工事は再開されることを聞かされた。

それを聞いて、Tさんは不安になってきた。

「あ、それで、井戸と祠を掘り起こした張本人が僕ということで呼ばれたんですね。でも、僕、ほんとに大丈夫なんですか？」

すると社長は「ああ。あの人の家系は、位階の結構高いお稲荷さんが憑《つ》いているらしいから、あのお清めで大丈夫だ。逆に、あの人がいたから、この程度のことで済んだんだよ。でなきゃ、大変なことになっていた、と言われたよ」と苦笑いを浮かべた。

Tさんは臨時雇いだったので、その後の工事には携わっていない。
「だから、あの土地に建てられるであろう家に、何もないことを願うばかりです」と
Tさんは言った。

機械室

エレベーターのメンテナンス業をしているKさん。

ある点検に行った。

初めての場所。

「ここって、どんなところですか？」

すると支店長が「地図と住所、これだから」と紙を渡してきたが、なんだかニヤニヤしている。

「なに笑ってんですか？」

「いやいや、行けばわかるから」

現場に行って、管理人に挨拶をした。あるマンションだった。

機械室に入ってゾッとした。

あたり一面、ズラリとお札が貼ってあったのだ。

「えっ……、これ……、ここって……、え？」

ともかく早く作業を終えて帰ろうと、制御盤を開けてメンテナンスにかかった。

「ふふふ」という低い女の声が耳もとで聞こえる。

「なんだ？」

あたりを見るが、誰もいないし、いるはずもない。

そしてまた「ふふふ」と声がする。

「わあ、こりゃダメだ。早く終わらせよう」

声を聞きながら作業を終えた。

「あの、メンテナンス、終わりました」と管理人に挨拶をした。

「なんにもなかったですか？」と訊かれた。

なんでそんなこと訊く？

「いえ、何もなかったです」と言って会社に戻って、支店長に報告した。

「そうか、やっぱりな。とりあえず、お祓い行け」

そう言われたのだ。

絶世の美女

怪談好きのHさんがちょっと変わったバーに行ったとき、そのバーのママさんから聞いたという話である。

そのバーは、ゴシック・ホラーの雰囲気をお店の中に演出していて、吸血鬼のオブジェだの怖そうな人形だのがぶら下がっていたりする。きっとここのママは、怪談に興味があるに違いないと思って訊《き》いてみたら、こんな話が出たというのだ。

ママさんが中学生の頃のこと。ただHさんが言うには「ママさん、魔女みたいな人で年齢不詳なんですよね。だから多分ですけど三十年ほど前のことだと思います」と言う。

ママさんは小学校六年の時、神奈川県のY町に引っ越した。

当時、彼女が寝ていたのは狭い部屋で、隅にベッドを置き、ベッドの下に細長い窓がある造りだったという。朝になるとベッドの下から明かりが射して、うすぼんやりと部屋の様子が見えてきたというのだ。

ある夜、寝ていると、ポタリ、ポタリと顔に水滴が落ちてきていることに気づいて、目を覚ました。目覚めても、やはりポタリ、ポタリと水滴が落ちてくる。

（えっ、雨漏りでもしてんの？）

そう思って起き上がろうとすると、体はもう動かない状態。

すると真っ暗な部屋の中、自分の顔の上に合わさるような顔があることに気がついた。

明かりもない中、どうしてこんな顔が見えるのかわからない。

ただ、そこにある顔は、じっと自分を見つめている。それが絶世の美女なのだ。

年は二十歳前後か。

それがびしょ濡《ぬ》れのようで、その美女から水滴がポツリ、ポツリと滴り落ちているのだ。

怖い。

そう思ってなんとか体を動かそうとするが、まったく動けない。そのうち美女は、口を開いて必死に何かを伝えようとしていることに気がついた。だが、何も聞こえないし、わからない。

（あなたは誰？　何かを私に伝えようとしていますか？　でも私にはなんにも聞こえないし、なにもわからないんですけど）と心の中で話しかける。しかしやっぱり何かを伝えようとしていることはわかっても、何も伝わってこない。

そのうち、ベッドの下が白んできた。朝だ。

ということは、随分と長い時間、こんなことが続いていたことになる。ところがこれも妙だと思うようになる。

窓の外から朝日が入ってくると、だんだん部屋の中が明るくなっていき、部屋の隅まで見えてくる。ベッドの下には明かりが差しているのに、部屋は漆黒の闇のままなのである。そこに、美女の顔が浮いているのだ。

と、自分の顔を覗《のぞ》き込んでいる顔がすっと下りてきた。そして、自分の顔とそれこそ重なるかという距離にまで来て、ママさんはベッドに押しつけられるような力を感じた。

そこで目が覚めた。

いや、さっきあったことは夢じゃない。ずっと私は怖い目にあっていたんだ。

今はもう、ベッドの下から薄明かりが差し込んできて、部屋の隅の様子も見えている。

あまりに怖かったので、朝食の準備をしている母親に「ねえ、さっきまでこんなことがあった」と話してみるが「なにそれ。また怖い夢でも見たんだよ」と全然聞き入れてくれない。

その夕方のことである。

学校から帰ると母親が喪服を着て出かけようとしている。

「どこ行くの?」

「うん、ちょっと急にお通夜が入ったから、行ってくる」と言う。

「誰のお通夜?」

「それがねえ。あんまりよく知らないのよ。ただ、井戸端会議じゃないけどよくおしゃべりする奥さんがいてね。その人の娘さんが亡くなったみたい」

その話を聞いて、ママさんも「私も行かなきゃ」と何故か思った。

しかし知らない人だしねえと、行くことはなかったのだ。

結局、お通夜には母親一人で行った。


お通夜から帰ってきた母親に「亡くなった人って、どんな人だったの?」と訊《き》いてみた。

「それがね、大学生のお嬢さんでね。ものすごい美人だったようよ。あんまり美人なのでご両親は女優さんにしたいって思ってたんだって。でね、そのお嬢さん、ほらあるじゃない。○○橋のかかっている川。その川に頭を突っ込んだ状態で見つかったんだって。溺死《できし》みたいでね」

それを聞いて「あっ」と思った。

ものすごい美女、溺死。昨夜の出来事はそれと関係あるんじゃないかしら、と。でも、なんで私のところに？　私になんの関係があるの？

後日、いろいろなことがわかってきた。

あの美女は溺死ではなく、川の脇にある道路を歩いていて大型車にはねられたらしいのだ。それで川までとばされたのだと、新聞やニュースでも取り上げられたのである。

ひき逃げだった。

そして公開された写真を見て、やっぱりあの夜現われたのは彼女であることも確信した。

でも、どうして私のところに、という疑問は消えない。

三カ月ほどして、トラック運転手が逮捕されたと報道された。

「犯人捕まったんだ。よかったね」と母親に言うと、「実はね」とちょっといつもとは違う面持ちで、こんなことを言われたのだ。

「ご近所さんとお話ししてたのよ。そしたら、ある奥さんが『あなた知っている?』って言われたのよ。『なんのこと?』って訊いたら、『捕まったトラック運転手が以前住んでいたところよ。それって今、あなたが住んでいる家なのよ』って」

瓜二つ

会社員のWさんはラーメン好きで、会社の同僚に「うまいラーメン屋があったら教えてよ」と聞きまくって、教えてもらうとそこに食べに行くというのが楽しみであるという。

ある時、何人かの口からあるラーメン屋を薦められた。

それで次の休みの日、車で三十分くらいの、そのラーメン屋に一人で行ってみたのだ。

Wさんの好みのラーメンは、麺《めん》は硬め、味は濃いめ、油は多めである。

食券を買ってカウンターに座り、店員に渡すと、店員は「麺硬め、味は濃いめ、油多めのいつものやつですね」と訊《き》いてきた。

はじめてのラーメン屋。

なんで知ってるんだ、と思ったが、しばらくして出されたラーメンは、Wさんの好みにピッタリだった。

「サービスしときましたから」と、ライスの上にチャーシューも載せてくれた。

すごくサービスのいいお店だなあと、嬉《うれ》しくなった。

翌朝、会社でそのラーメン屋を勧めてくれた同僚に「行ってきたよ、あのラーメン屋。すごくサービスのいいお店だよね。俺の好みを知ってたし、ライスの上にチャーシューものっけてくれた」

すると同僚は「俺、あのラーメン屋にしょっちゅう通ってるけど、そんなサービス、受けたことないよ」と不思議がった。

後日、同僚はそのラーメン屋の店主に訊いてみたという。すると、「ああ、常連のお客さんにはサービスするんですよ」と言われ、店主も言った手前もあってか、その同僚も以後、チャーシューのサービスを受けるようになったらしい。


ところでWさん、こんな体験もあったという。

Wさんがよく行くショッピングモールがある。

季節に合わせて年に三、四回ほど立ち寄る服屋があるのだ。

ある日、服を買うためそのお店に入った。すると、いつも接客してくれる店員が、他のお客さんの対応をしているということで、他の店員二人が、接客してくれた。

この時、開口一番に「お兄さんですよね」と言われた。

おじさんという年だが、お兄さんと言われて悪い気はしない。でも、いきなりそう言われて何と返事したらいいのかわからずにいると「じゃ、弟さんですか」と言われた。

Wさんには、姉と妹がいるが、兄も弟もいない。

「なんのことですか？」と口に出た。

すると店員は慌てて「実は、お兄さんと弟さんのお客様がおられまして、あんまり似てらしたので、つい、お声をかけさせていただきました」と言う。

「そうなんですか。まあ、ありふれた、どこにでもある顔ですからねえ」とWさんも冗談を言って、服を一着買って帰った。


三カ月たった秋口。

また例の服屋に入った。

すると、いつも接客してくれている店員が「これがお勧めです」と言って、いろいろと話しかけてきた。ちゃんとWさんの好みは知っていて、フード付きのセーターを勧めてきた。

二色あって、どっちにしようかと迷った。

すると、以前「お兄さんですよね」と言ってきた店員が近づいてきて「今、試着室にお客さんソックリな人が入ってます。この前、ヘンなこと言っちゃいましたが、私、その人と間違えたんです。ほんと、ソックリですから」

そう言われて興味がわいた。

この世には、自分に似た人物が三人いる、と聞いたことがある。

「ちょっと会ってみたいですね」と言うと、その店員もテンションをあげてきたのがわかった。

服を選びながら、試着室をチラチラ見る。なんと、試着室の前には自分が履いている靴と同じものがある。ところが、けっこうな時間が経過したが試着室から出てこない。

「あれっ、おかしいですね」ということになってきた。

店員の一人が「お客様」と試着室に向かって声をかけている。

それを気にしながら服を選んでいると、若い店員が、さっきWさんが勧められたものと色違いのフード付きセーターを持ってきた。

「お客様が、試着室からいなくなってます」と言う。

そんなはずはない。あの試着室から出た時、誰も気がつかないということはあり得ないし、Wさんもずっと気にしていた。

しかし、試着室には、その店員が持ってきたWさん好みのセーターが置いてあったらしい。そして、試着室の前にあったはずの靴も、なくなっていたのだ。

サンタ

六年前のクリスマス・イヴのことである。

今は高校生のN君も当時は小学五年生。父と二人暮らしだったという。

ベランダに男が立った。

赤い服、赤い帽子に白いひげ。どう見てもサンタクロースという姿。

しかし、ここは三階。

どうやって来たのだろうと思っていると、ベランダの戸をノックされた。

思わず開けた。

するとサンタ姿の男は「これは君に、これはお父さんに」と、包みをくれた。

驚きながらも「ありがとう」と礼を言って頭を上げるともういない。

その夜は雪。ベランダから下を見ると、わずかに降り積もった道路の雪に、明らかに動物の足跡と思われるものとソリの跡が残っている。

「やっぱり、サンタ？」

お父さんが仕事から戻ってきたので、わけを言って、もらったものを見てみた。

N君がもらったのは、欲しかったゲーム機とソフト。お父さんには数十万円のお金と手紙が入っていた。

〝このお金は、息子さんの将来の学費に使ってください〟とあった。

「なんだこれ」と思ったが、お父さんは「心当たりがある」と言う。

翌日、親子でその心当たりのある人の家に行った。

「昨日はあんなことまでしていただいて」

ところがその人は「えっ？」という顔をしている。

確かにプレゼントは用意していたが、それは今夜届けるつもりだったという。

夏の人魂

Mさんというある事業をしている女性は、幼少の頃、夏と冬になると父の郷里に帰省していたという。

山形県にある小さな寒村だそうだ。

ゼンリン住宅地図で見ると、そのあたりは空白だったそうだ。

冬は豪雪となる。

だからこのあたりの家は、二階にも玄関がある。

ある夏のこと。

夕食後、庭に出て夕涼みをした。すると夕闇迫る中に、蛍のようなものが飛んでいるのが見えた。実は今までにも何度か見たことがあった。どうやらこれは蛍ではないと子どもながらにわかった。随分遠いところで、フワフワ飛んでいる。

「ねえ、お父ちゃん。あれはなに？」

父が近くに来た時、そう尋ねてみた。

するると父は「ああ、あれか。あれは人魂だよ」と言った。

「えっ、人魂？」

「そばに行って見たいか？」

そう言われて、怖かったけれども、お父ちゃんと一緒なら、と、こっくり頷《うなず》いた。

「見たいか。そんなら虫取りの網をもってきなさい」と言われ、虫取りの網を持って父の後についていった。父は懐中電灯を持っている。

行った先は、山肌にある墓地だった。

青白い火の玉のようなものが、フワフワと飛んでいる。

「網で捕まえてごらん」

そう言われて、その火の玉のようなものを網で捕まえた。するとスルリと擦り抜けた。

「だろ。お父ちゃんもな、子どものころから捕まえようとして、いっぺんも捕まえたことがないんや。でも触れるぞ。触ってごらん」

手を伸ばして触ってみた。手が触れた瞬間、それは消えた。と思ったら手の横に、ふっと出てくる。

毎年夏になると、それは出ていた。

実はこの墓地は、土葬だったそうだ。

そして、この時がそれを見た最後だったそうだ。

光の柱

M子さんの幼いころの記憶だという。

ある夏、地元の神社のお祭りに母と出かけた。

子どもの頃には大きく思えたが、今見るとそれほど大きくない神社だそうだ。

それでもこのお祭りの日ばかりは、神社の参道の両脇にはたくさんの露店が並び、大勢の人たちで賑《にぎ》わっていた。

M子さんがやって来たのは夜だったので、赤い提灯《ちょうちん》がいっぱいぶら下がっていたのが印象的だったそうだ。参道から鳥居をくぐって境内に入るが、いつもは車が停めてある広場にも屋台が出ていて、人でいっぱいである。

正面は拝殿。その背後には小山があって、普段は雑木林になっているがここにも赤い提灯が飾られている。そこに天を突くかと思うほどの白く光る柱が立っていたのだ。

柱には同じく白いらせん階段のようなものが巻きついていて、そこを大勢の人が上がっていっている。みんな一様に白い着物を着ていて、次から次へと現われては上がっていく。

上に何があるのかはわからない。

みんな長い棒のようなものを持っていて、その先に赤い提灯がぶら下がっており、各々の顔には手拭《てぬぐ》いがかかっている。だから顔は見えない。ただそんな顔をやや、うつむき加減にして上がっていく。

白く光る巨大な柱に、赤く光る提灯が巻き付くように上っていくその様子が、とてもきれいで、幻想的に見えたのだ。

あそこ、私も上がってみたい、そう思った。

みんなが上がっているのだから、自分たちも上がれる。あの小山を登ると入り口かなんかがあるんかな、と思いつつも、いやいや、という思いもわいてきた。

普段、あの小山に登って遊ぶことがある。雑木林があるばかりであんなものが立つスペースがない。それに頂上は裏がすぐ崖《がけ》になっているはずだ。

それでも今、この目にしている光景はあまりにも荘厳で、あそこへ行ってみたいという衝動に掻《か》き立てられる。

「ねえねえ、あそこ、上がりたいね」

母の手を取って、もう片方の手で小山を指さした。

すると母は「そう?」とだけ言った。

それがなんだか気のない返事だったので、お母ちゃんは上がりたくないんだ、と思った。

結局、あの白い柱へ近づくこともしなかった。

お祭りが終わって、また静かなその神社に行き、小高い山を登ってみたが頂上はすぐに崖になっていて、雑木林しかなく、あんな大きな柱を設置する場所もなかったし、そんなものが立っていた形跡もなかったのだ。

野球のボール

Cさんは、福祉関係の仕事をしている。つい最近まではうつ病や統合失調症といった人たちのケアをしていたという。

Cさんは言う。

「言いにくいことなんですけどね。けっこう自殺する人、多いんですよ。なかなか就労できないし、就労してもうまくいかない。頑張っても報われず、そのうち心がポキンと折れてしまってのことだと思います」

その中に、A君という中学二年の男の子がいたという。

Cさんの勤める施設によくやって来ていた。同じアニメが好きだということから、やがてA君は心を開きはじめて、受験や進路についての相談をしてくるようになった。

しかし、A君はある日から家に閉じこもってしまった。どうやらうつ病を悪化させてしまったらしい。

Cさんは心配になって、A君の家に様子を見に行った。

本来、こういう行動は禁じられているそうだ。発覚すれば厳重注意となる。

しかし、Cさんとしてはそれほど A君のことを親身に思っていたし、心配でもあったのだ。

A君は、団地の四階に住んでいる。

ところが、その団地の前に人だかりがしていた。

「救急車を呼べ」「今呼んだ」「医者はおらんのか」と騒然としている。

見ると、小学生くらいの男の子が二人、倒れている。

頭が割れていて大量の血が出ている。そして、手足の関節が折れ曲がっている。おそらく、転落死したと思われる。

(わあ、嫌なもん見た)

そう思いながら四階へと上がり、A君の部屋のチャイムを鳴らしてみた。

何度鳴らしても、誰も出てこない。

ノックをしてみた。

「A君、A君。おるんやろ。俺や、Cや。ちょっと心配やから来てみたんや。A君、A君、玄関越しでもええから、顔、見せてくれんかなあ。ちょっと話しよう」

そう呼び掛けていると、ドアが開いて、A君が出てきた。

「ああよかった」と、Cさんの顔を見てA君が言った。

「なに、どうした?」

「実は、さっきまでめっちゃうるさくて、うっとうしかったんですよ」とA君は言う。

「なにかあったん？」

「近所の男の子やと思うんですけど、このチャイム、ピンポンピンポンてうるさかったんですよ」

「ああ、そうかいな。けどA君。施設に来《け》えへんから、心配するやないか。最近、どうしてんねん」

するとA君は部屋に上げてくれて、話し込んだのだ。

話していると、今日はA君のご両親は帰ってこないことを知った。このままA君を一人にして立ち去ることはできない。ご両親に電話をして、今晩ここに泊めてもらう許可をもらった。

二人で夕食を食べて、風呂《ふろ》にも入って、枕を並べて寝た。

ところが真夜中、A君はいきなり起き上がると「もう、うるさいなあ。ええかげんにせえよ」とベランダに向かって叫びだしたのだ。

「どうしたんや、A君」

「外、うるさいんですよ」

「うるさい？」

「ほら、聞こえるでしょ。外で野球やってる子がいて、その声がずっと聞こえているんですよ」

「そんなん聞こえへんけど。それにこんな夜中や。子どもが野球する時間でもないで」

「でも、聞こえますやん。ほら」

「なんて？」

「言ってますやん。ほら。タクちゃん、ボール、どこ行ったん？　次、俺打つ番やのに、ボールなかったらできひんやん、て、ずっと言ってますよ」

Cさんはそれを聞いた瞬間、ゾッとしたが、いやいや、この子は多分、幻聴でも聞いているんだろうと思いなおした。

「A君がそう言うんなら、ちょっと外、確認してみるわ」

ベランダに出て外を見てみた。

誰もいないし、外は団地の外灯があるだけで、真っ暗だ。

「やっぱり誰もおらんわ」

部屋に入ろうとした時、ふっと足元にボールのようなものがあることに気がついた。

拾ってみると、それはちょうど野球をするのに手ごろな大きさの、青いゴムボール。

そこにマジックで、タクヤと書いてあった。

「あっ」と思ったが、そのままボールはポケットに忍ばせ、A君には何も言わず、朝、自宅に戻った。

その日の新聞を読むと、前日の事故のことが載っていた。

あの団地の前の公園で、小学四年生の男の子数人が、野球をして遊んでいた。ところが打ったボールが団地の四階のあたりのベランダに入り込んだらしい。二人の少年は四階に上がって、部屋のチャイムを鳴らしたが、誰も出てこなかったので外壁から登ろうとしたらしい。この時、二人同時に足を滑らせて、転落死したという。

新聞には二人の少年の名前と住所も載っていたので、Cさんはタクヤ君の家を訪ねて、事情を説明して、ボールを返したという。

ところでA君だが、やっぱり引きこもったまま、部屋から出てこないという状態が続いているようだった。

一週間ほどして、またA君の家に訪問した。

A君はげっそりと痩《や》せて、目も落ちくぼんでいる。両親から話を聞くと、A君は食欲がなく、眠れてもいないらしい。

「どうしたんや、A君」

すると「また、あの音がすんねん」と言う。

〈タクちゃん、ボール、どこ行ったん？　次、俺打つ番やのに、ボールなかったらできひんやん〉

この声がずっと、毎晩聞こえてくるらしい。

「いや、もう大丈夫や。きっともう聞こえへんようになるから」

そう言ってCさんは帰ったが、翌日、A君のお母さんから電話があった。

「息子が、ベランダから飛び降りました。今、救急車で搬送されたところなんですけど、多分……」

後日、お母さんから聞かされた。

夜、お母さんの目の前で寝ていたA君が、急に起き上がると、ベランダを見て「そこにおる！」と叫んで、そのままベランダに出て飛び降りたのだという。

Cさんは、病院の霊安室でA君の遺体と面会した。

その遺体は、あの時見た二人の少年と同じように頭が割れていて、手足の関節が折れ曲がった状態だった。

本町駅

会社員のFさんが大阪心斎橋《しんさいばし》のマッサージサロンで、ヘッドマッサージをしてもらった。

これを受けるとよく眠れるのだそうだ。

その帰りのことである。

大阪メトロ御堂筋《みどうすじ》線の心斎橋駅からなんばへ戻る。

ちなみに御堂筋線の駅は、なんば、心斎橋、本町《ほんまち》、淀屋橋《よどやばし》、梅田《うめだ》の順となる。この間、心斎橋駅から梅田駅までは、南北に延びる複線の鉄道の両端にプラットホームがあるという形で、電車から見ると同じような作りの駅が続くことになる。

Fさんは、なんばへ戻ろうと、ホームで電車を待った。

すぐに電車がやって来たので乗り込んだ。

電車が走りだすと、車内アナウンスが流れた。

〈次は本町、本町。NEXT STOP IS HOMMACHI〉

「あっ、電車間違えてもた」

電車は本町に停車した。

Ｆさんはここで降りて、反対側のホームへ向かうため地下の通路を歩き、そこで電車を待った。

電車がやって来たので乗り込んだ。

ということは、次の駅は心斎橋となるはずである。

電車が出発して、車内アナウンスが流れた。

〈次は淀屋橋、淀屋橋。NEXT STOP IS YODOYABASHI〉

「なんでやねん！」

思わずツッ込んだ。

「これはいくらなんでもないわ。アナウンスのミスや」

ところが周りの乗客を見ると平然としていて、動揺している人もいない。

「あれ。ほんならほんまに淀屋橋に行くんか？」

到着したら、淀屋橋の駅だった。

「あれれ。淀屋橋や。俺、通路渡ったよな。反対側のホームやったよな」

独り言を言っていてもしょうがない。

今度は指さし確認しながら電車に乗った。

ようやくなんばに着いたのだった。

山神の怒り

Nさんは、京都府の南山城村《みなみやましろむら》にある道の駅を家族でよく利用するのだそうだ。

「とにかくそこのご飯が、みんな美味《おい》しいんです」とNさんは言う。

ある日も、奥さんと幼稚園の息子と南山城村へのドライブに出かけた。

いつもは同じ道を走ったが、「ちょっとコースを変更してみよう」と、奈良県の柳《やぎ》生村《ゆうむら》を通る山道を走ることにした。随分と遠回りの道のりなのだそうだ。

ナビを頼りに、山道を行く。これが思ったより細く、くねくねと曲がる道で、舗装されていないところもある。Nさんは運転に集中していた。

すると息子が「おしっこしたい」と言いだした。

ただここは山の中で、トイレなどありそうもない。

「おしっこしたい」と息子はぐずりだした。

やがて、やや道幅の広い場所に出た。

車を停めると、奥さんは子どもを連れて車を出て、道端でおしっこをさせている。

その間、Nさんは運転席で待っていた。

すぐに二人は車に戻ってきた。また、くねくねと曲がった細い道を走る。

やがて京都府に入って、目的の道の駅へと到着し、食事を楽しんだ。

この時、奥さんからこんな話を聞かされた。

「ちょっと山の神様、怒らせたかもしれない」

「えっ、なにかあったん？」

息子におしっこさせた時のことだという。

「山の神様、ごめんなさいね。そそう、させてもらいますね」と言って、息子におしっこをさせた。その後は、飲みかけのペットボトルのお茶を流してお清めをしたつもりだった。

ところが、車が走りだすと大量の木の葉の塊が、渦を巻くように舞いだして、それが延々ついてきたというのだ。そして車に追いつくと、バン、バンと車体を叩《たた》く。ずっとそれがついてきていたが、京都府に入ったところからは、その現象もなくなったという。

Nさんはその間、運転に集中していて気がついていなかったのだ。

「大和《やまと》の山の神様は、山城《やましろ》の国へは入れなかったのかしらね」と、奥さんは言った。

ソウルのタクシー

Yさんは日本生まれだが、今は結婚して韓国のソウル市に住んでいる。

これはその娘さんが体験した話だという。

ある日、娘さんは仕事に行くためタクシーに乗った。日本とは違って手動ドア。運転手に行先を言いながらドアを閉めようとすると、さっと若い女性が乗り込んで娘さんの横に座った。

「あなた、誰?」

知らない人。だが、なんとはなしにこの世の人ではないように思ったという。なぜなら閉めかけたドアをすっと擦り抜けるようにして入ってきたからだ。実はこの娘さん、こういった不思議な体験をすることが多いのだそうだ。

〈お願いがあります〉とその若い女性は娘さんに語りかけた。これも、耳で聞くというより、脳にダイレクトにメッセージが来るという感じだ。ただ韓国語ではある。

運転手は何も言わずに車を走らせている。

「なに?　お願いって」

娘さんは小声で訊《き》く。

〈今日、私のお葬式があるんだけれども、私の父に伝えてもらいたいことがあるの。突然のことで父は狼狽《ろうばい》していて、ずっと泣きはらしているので、そんなに悲しまないで元気を出してほしいって。それと私が残したものの処分のことについても……〉

「ちょっと待って。いったい、あなたはどこの誰で、お父様はどこにいるの？」

そういうと女性は名前を名乗って〈これからあなたの行くところで降りればいいから〉と言う。

「どういうこと？」

運転手がルームミラー越しに、ちらちらとこちらを見ている。きっとこの女の人、運転手さんには見えていないだろうから、頭のおかしな女がブツブツ独り言を言っているように思ってるんだろうな、と思いながら、その女性とやりとりをする。

やがて、目的地に着いた。

降りるともう女性の姿はない。

目の前にはこれから行こうとしていた取引先のビルがあるが、道を隔てた向かい側に大きな病院があった。ソウル市の場合、斎場は病院内にあることが多いのだそうだ。病院で亡くなると、たいていは院内にある地下の通路が、そのまま斎場へ繋《つな》がっているから、そこへ遺体は運ばれるのである。

おそらくあの病院の地下だな。

そう思って病院へ入り、地下へ降りると斎場への案内図を見つけてそのまま進んだ。

すると葬式を行なっている斎場があった。

遺影に、さっきまでタクシーにいた若い女性の顔があり、その前で泣き崩れている中年男性をみつけた。

あの人が父親か。

とはいうものの、知らない人。どうやって声をかければいいのかわからない。

たった今、タクシーに乗ったら亡くなったあなたの娘さんが出てきて、いろいろ伝言を頼まれました、と言って信じてもらえるだろうか。でも、お願いされたしなあ。

そう思いながら、思い切って声をかけた。

「あの、私、通りすがりの者ですけど、あなたの亡くなった娘さんであるCさんから、いろいろ頼まれたことがあります……」

「えっ、どうして娘のことを知っているんだ」

そう言われたが「ともかく頼まれたので」と、タクシーの中で託された伝言をその男性に伝えた。

「では、私、仕事がありますので失礼します」

挨拶《あいさつ》もそこそこに、その場から退散した。

病院を出ると、またあの女性からのメッセージが脳裏に来た。

〈ありがとう。あなたに何か危険な事があった時は、私が助けるから〉

そういう言葉だった。


そんな話を我が娘から聞かされたYさん。

「へえ、それで助けられたの？」

「お母さん、これってきっと、私の生命の危機とか、そんな時に助けてくれるんだよ。そんな安いものじゃないと思う」

ちなみに、タクシーに乗り込んできたこの世の人ではないという若い女性は、傷があるとか、血まみれとか、そんなことではなく、普段どこにでもいるような若い女性だったという。

二と九

Sさんの実家は精肉店で、その長女である。

今は結婚して、A市に住んでいる。

ところがなぜか、二と九という数字がついてまわるのだという。

実家の電話番号の下二ケタに二九がついている。これは肉と二九をかけて、あえて選んだ番号だった。

ところがSさんがA市に引っ越した時、NTTから下四ケタの新しい電話番号の候補がいくつか送られてきたが、そのいずれにも二と九の連番があった。

また、実家の住所にもA市の新居の住所にも、二九の番地が付いている。

車も何台か乗り換えたが、いずれのナンバーにも二九があった。

携帯電話の契約をした時も、なぜか二九の連番の番号になってしまった。

ともかく、数字を意識すると二九の連番があることにあとで気がつくのだ。

ところが精肉店を営んでいた父親が亡くなり、同時に店も廃業となった。

すると、二九の数字が割り当てられることがなくなったのである。

ただ、住所の番地と、電話番号を変えていない実家には、今も二九が残っているという。

真っ赤な足跡

二〇一九年十月五日のことだと、Iさんははっきり覚えているという。

彼は友人のAさんを誘って一泊二日のゴルフ旅行へ行った。

ゴルフ場は東京郊外の温泉地で、有名なレストランがあり、これと併設された和風旅館がある。一日に三組しか泊まれない人気旅館でなかなか予約が取れなかったが、やっと取れたのが十月五日の土曜日だったので覚えていたのだ。


当日、現地に行って部屋を案内された。

「わあ、いい部屋じゃん」と思わず声を出したという。

純和風の畳の広い居間。左脇にトイレがあるが、入り口とトイレの間に階段があり、上がると和室の寝室ともう一つ居間があり、名物の檜風呂《ひのきぶろ》がある。

「すごいなあ」

一通り見て、まずは下の部屋でお茶を飲んだ。

ところがこの部屋に入ってからのAさんの様子がおかしい。

「どうした、さっきから」と訊《き》くと「なんだかすごく眠たいんだ」と言う。

「さっき、俺が運転してた隣で寝てたじゃん」と言うが「いや、眠たい。上の部屋で寝てくるわ」と言い残して、二階へ上がってしまった。

「何だよ。今来たとこじゃないか。二人で飲みながらゴルフ談議でもするつもりで、ここ、予約したんだけどなあ」とボヤきながらも、まあゴルフは明日《あした》だし、寝かせてやるか。それより檜風呂に入ろう、随分評判みたいだしと気持ちを切り替えた。

Iさんも二階へ上がると、ひと風呂浴びて、丹前を着て下の部屋へ戻ってビールを注文した。

「そうだ、今、ラグビーワールドカップやってるな」

備え付けのテレビを点《つ》けた。この日は日本対サモアの試合がある。

ビールを飲みながらテレビでワールドカップを鑑賞した。

ハーフタイム。この時間にIさんはトイレに入った。そして戻るとまたテレビ観戦をする。テレビは入り口近くの右斜め端にあったので、座椅子を右斜めに向けていた。

するとなんだか目の端に違和感を覚えたのだ。

ふっと、見た。

さっき自分が使ったトイレからこの座椅子まで、真っ赤な足跡が付いていたのである。

「あっ」と座っていた座布団を見ると、血でベットリ濡《ぬ》れている。

慌てて自分の足の裏を見てみた。やはり血だらけになっている。

怪我でもしたのかな。にしては、痛みがない。

ともかく高級旅館の畳を血で汚してしまったことを申し訳なく思い、フロントに電話をした。

「あの、足の裏を怪我したみたいで、畳を血で汚してしまいました。ちょっと来てもらえますか」と伝えた。

すぐに救急箱と布巾《ふきん》を持った仲居さんが来てくれた。

「すみません。こんなに汚してしまって」

「お客様。お気になさらずに。まずは傷のお手当てが大事です」と言いながら足を拭《ふ》いてくれる。ところが仲居さんが、あらっ、という顔になった。

「お客様。傷跡がございません」

「あ、やっぱり。実は全然痛くはないんですよ」

「でも……」と仲居さんの視線は、赤い足跡に行く。「お心あたりはございませんか？」

そう言われても、皆目わからない。

「トイレに入って気がついたらこうなってました。それより、早く畳、拭いた方がいいですよ。でないと大変なことになりますよ」

「わかりました。ちょっとトイレ、覗《のぞ》いてみますね」

そう言って仲居さんはトイレのドアを開けた。

「お客様、トイレのスリッパには血は付いていませんね。お怪我の元となるようなガラスの破片とかも見当たりませんし。何か他にお心あたりはございませんでしょうか？」

「ほんとに心あたりなんてないんですよ。あっ、強いて言うなら、その前に僕、二階の檜風呂を使わせていただきました。ひょっとして、その時にささくれが刺さったとか、そういうことしか思い当たらないです」

そう言うと、仲居さんはすぐに階段を上がっていったが、すぐに下りてきた。

「お客様。檜風呂にもささくれとかもありませんし、階段のカーペットにも血は一滴も付いていませんね」

「じゃ、なんでしょうね」と二人で首をひねったのである。

しかしIさんは、きっとこれは俺の血じゃないな。これだけ血の跡がありながら全然痛くないし、傷跡もなければ痛みもない。

仲居さんは、わけのわからないまま畳の上の血の足跡を拭き取った。汚れはキレイになくなった。

仲居さんが部屋を出ていくのと同時に「あ〜あ、よく寝た」と、Aさんが下りてきた。

「あ、おい。ちょっと聞いてくれ。お前が寝た後のことだけどな……」と今あったことを話すと「ええっ、ほんとかよ」とAさんは驚いていたが、ややあってこんなことを言いだしたのだ。

「それと関係あるのか知らないよ。けどな、俺、それまでそんなことなかったのに、この部屋に入った瞬間から眠くなってきてさあ。お茶飲んだだろ。あの時なんてまるで麻酔でも打たれたかのように、どっと睡魔に襲われたんだ。だから俺、二階で寝ていたんだけど、ひょっとしたら、何者かがお前に何かを伝えようとしていたんじゃないのか？　だから俺を二階に追いやってお前ひとりにしたんじゃないのかって、今思ったんだ」

真相はわからない。

徘徊

淡路島《あわじ》出身のKさん。父親が左官職人だったそうだ。

二十年ほど前、Kさんはその父親の仕事を手伝っていた。

ある日、現場での休憩中、

「わしも見たわ。真夜中ものすごい形相で近所をうろついてたわ」

「ああ、それ、えらい噂になってんで」

「祟《たた》りとちがうか」

「わしも声をかけようとしたんやけどな。あんまりすごい形相なんで、声かけられんかったわ」

そんな会話が聞こえた。

なんのことだろうと、父親に訊くと「ああ、それ、Hさんのことやがな」と言う。

年に一度か二度、Hさんは真夜中の町中を徘徊《はいかい》するらしく、つい先日も、徘徊するHさんを町の何人かの人たちが見ていたという。そして本人は、そのことを覚えていないのだ。

「それ祟りとちがうか、言うてた人いてたけど、どういうことや？」

すると父親は「まあ、考えてみると原因がわからんことでもないんや」と言う。

Hさんは市役所から依頼を受けて、共同墓地のメンテナンスをしているらしい。

そこは小高い山の上にある墓地で、ブロック塀で囲まれている。

しかし、台風や土砂崩れがあると、土砂がブロック塀を乗り越えてくる。それを除去したり、掘り起こしたりする作業だという。そのたびに、なぜか今までになかった墓石が出てくるのだそうだ。どうやら無縁仏のようで、これを集積している場所があって、そこに運んで積み重ねる。

どうも、その夜にHさんは徘徊しているらしいのだ。

薪

Mさんは四年間、目の不自由な子どもたちのための支援学校に、教員として勤めていたことがあるという。その最初の年のことである。

高等部の一年生が、毎年夏になるとサバイバル合宿をする。

この時は、廃校になっている小学校の校舎を借りた。

食事は自炊。小さな古い風呂《ふろ》は三つあって、薪《まき》で湯を沸かす。

いろいろな準備が必要なのでMさんたち四人の先生が、前日にこの校舎に入った。

風呂で使う薪は、前年まではあるお店に発注していたというが、そのお店に連絡がつかない。調べてみたら今年になって廃業していた。

困ったな、と思って、校舎の管理人に相談した。

「だったら、古い校舎を取り壊したときに出来た廃材があるから、それを使うといいよ」と廃材置き場に案内された。

たくさんの木材が積み重なって置いてある。

ただ、これを割り木にする作業が必要だ。そこで倉庫にあったチェーンソーを使って、風呂炊き用の薪を作ったのである。

二年目、三年目と同じように廃材を薪にする作業が続いた。

ところが三年目の時、チェーンソーの調子が悪くなった。どうも回転がにぶいようで、材木がうまく切れない。管理人に言うと「これ、油ささないとダメだね」と言われた。

ところが油が見つからない。

「近所で借りてみます」

そう言ってMさんは、校舎の隣の家を訪ねた。留守だった。

その隣へ行った。

すると家の前で農機具の手入れをしている老人がいた。

「あのう、作業中すみません。私、視覚特別支援学校の者ですけど」と挨拶《あいさつ》をした。

すると「ああ、今年も来たね」と老人は笑みを浮かべる。

「チェーンソーを使って薪を作っているんですけど、チェーンソーの調子が悪くて。ちょっと油を貸していただきたいのですが」

「ああ、いいよ。けど、調子が悪いのなら、他にも原因があるかもしれないねえ。ちょっと見せてごらん」

そう言われて、チェーンソーを見てもらった。

「ああ、これは油もそうだけども、この刃をどけんといかんなあ」

老人はそう言うと、チェーンソーを修理してくれて油も差してくれた。

持ち帰って作業をすると、すいすいと薪が出来上がっていく。

この年も無事に合宿を終えた。


翌年の夏も同じ場所で合宿が始まった。

そうだ、去年はあのおじいさんに世話になったな。ちょっと挨拶に行こう。

そう思って、老人の家を訪ねた。

おばあさんが出てきた。

「ああ、今年も来たんだね。お疲れさんだね」

「あの、おじいさん、どうしてらっしゃいますか？」

「おじいさん？　うちのじいさんかい？　五年前に死んどるよ」

「五年前？」

絶句した。

去年あったことを話してみた。

すると家に上がらせてくれて、仏壇を見せてもらった。

あのおじいさんの遺影があった。

亡くなった日付は確かに五年前のものだった。

Mさんは言う。

「私、大学では科学を専門的に学びました。その私が、こんなことがあるんだなあって、確信を持ちました。思うにあのおじいさん、障害を持つ子どもたちを見守ってくれていたんだなと……」

上野公園

ある研究所の職員をしているIさんという女性が、唯一体験した不思議な話だという。


十年ほど前の真夏の夜。

上野《うえの》で飲み会があった。参加者は、Iさんと同僚の女性Aさん、そして先輩の研究室の男性二人。

お店を出ると、もう四人とも出来上がっていた。

「酔い覚ましに、夜風に当たりながら公園を歩いてみないか」と提案があって、四人は上野公園に入った。

不忍池《しのばずのいけ》を過ぎて、恩賜公園へと入る。

立派な大きな公園だが、外灯が少なくやけに暗い。というより、微妙な明るさだと感じた。

歩きながら、そんな微妙な灯りの中、人が佇《たたず》んでいたり、横になっている人たちも見る。

「ああ、このあたりって、野宿する人が多いのね」

Ｉさんはそう口にした。

しばらくすると、噴水広場にさしかかった。すると、それまでぺちゃくちゃと話していた四人の会話が、なぜかピタリと止んだ。この時は、ＩさんとＡさんが先頭を歩いていて、その後ろを男性職員が歩いていた。その瞬間、「ううっ」という男のうめき声が聞こえてきた。

「野宿してる人の声よね」

そうＩさんが言うと、今度は耳元でうめき声がした。

後ろを歩いている男性職員の悪戯《いたずら》だと思って「やめてくださいよ」と振り返った。

「えっ、俺たちじゃないよ」と二人とも手を横に振った。

するとＡさんが振り返って、「先輩、これからどうします？　飲み直しますか？」と声を張り上げた。

「えっ、飲み直すの？　じゃ、鶯谷《うぐいすだに》にでも行くか……、なんちゃって」と、男性職員の一人が冗談を言った。そこからまた、四人の会話が再開された。

Ｉさんにとって、あったことはそれだけだった。

ただ、なぜかその夜のことが妙に心に残り、なにか釈然としなかったのだ。

それから五年たって、Aさんにそのことを話してみた。

するとAさんは「ああ、あの夜のこと、私もよく覚えているよ」と言うと、神妙な表情に変わった。

「でも、あれ、怖かったよね」

「えっ、怖かった？　なにが？」とIさんは訊《き》き返した。

「酔っていたからかもしれないけど、Iさあ、『このあたりって野宿する人多いのね』とか言ってたよね。でもね、あの時、私たち以外に人はいなかったのよ。そしたら、男の人のうめき声がしたでしょ。しかも耳元で。

ゾクッとして私、前を歩いていた先輩の二人に声かけようとしたら、あんた、『やめてくださいよ』と後ろ振り返って先輩たちと話してたじゃん。えっ、先輩たち、歩いてたんじゃないのって。私の前、三メートルほどのところをずっと先輩は前歩いてたのよ。そして再び前を見たら、誰もいないのよ。人影もない。

じゃ、さっきまでいたあの人影は？　って怖くなって『先輩、飲み直しますか？』って、あれは、そんな空気を追い払おうと思ってわざと言ったのよ。先輩もそんな空気を察して『鶯谷行くか』なんて変な冗談言ってたのね。だから四人とも、あの時、なにか不穏な空気を感じてたのよ」

そう言われて、釈然としない原因がわかった。とともに、Aさんと二人「こわ〜」と声をあげたという。

ここ、違います

Hさんは美容師である。

数年前、彼があるショッピング・センターにある美容院で、アシスタントをしていた時のことだ。

「ねえ、H君。今のうちにお昼、食べてきなさい」と先輩に言われて、バックルームに入ってカップ麺《めん》を食べていた。するとドアが開いた。先輩だと思って「お疲れ様です」と言いながらドアを見た。

濡《ぬ》れた長い髪の女が入ってきた。

「あっ、お客さん、ここ違います」と言って立ち上がろうとしたら、女はそのまま向かい側の壁の中に消えたのだ。

(え、消えた？　俺、疲れてんのかなあ)

するとまたドアが開いて、今度は女性の先輩が入ってきた。

「あ、お疲れ様です」

「お疲れさん。ところでさあ、今、髪の毛の濡れたお客さん、入ってこなかった？」

「あの、入ってきました。で、あそこの壁のところで消えました」

「えっ、消えた？」

この先輩は、お客さんの髪を触っていると、鏡越しに頭の濡れた女性がバックルームに入るのを見たという。

「あの人、トイレと間違えたのかな」と思って、様子を見にきたのだという。

カットウイッグ

これはまた別の美容院でのこと。

Kさんは、最後のお客さんの仕上げをして、会計を済ませてもらった。

そしてバックルームでハサミや櫛《くし》などを入れた自分のシザーベルトを棚に戻した。

このバックルームには、人毛をはやした首から上だけのマネキン人形が、何十体も並べて置いてある。美容師たちが練習台に使っている人形で、カットウイッグという。

カットウイッグが並ぶ棚の正面には、流し台が三つあって、鏡も三つ並んで壁にはめてある。

Kさんは、シザーベルトを置くと、はあっと一息ついた。

その瞬間、何かの気配がした。

うん？　と周りを見る。今、この店にはKさんしかいないはずだ。なのに人の気配がするのだ。

ふと、流し台の鏡に目が行った。

そこに、リアルな女性の顔があった。

カットウイッグにしては、なんだか生々しいな。

そう思っていると、その目がギョロリと動いた。

(えっ!!)

振り返るが、誰もいない。しかし鏡には映っている。

(あっ、私、ヘンなもの、見ちゃってる)と固まった。

すると鏡の中の女は、すうっと動いて、三つの鏡を横断して、そのまま消えたのである。


翌日、このことを同僚に話すと「私も見た」「実は私も」と、みんながそんな体験をしていたことがわかった。

やはり、バックルームの流し台の鏡に、女の顔が映っていて移動するらしい。どうやら上半身だけが宙に浮いていて、それが移動しているようだと言う人もいた。

あるいは、カットウイッグが勝手に動くこともあるという。

ある日、このバックルームがやけに陰気だったことがあった。なぜかはわからない。ここに入るとゾッとする寒気と誰かの視線を感じるのだ。

「怖いから、今日はみんなで帰りましょう」

後輩の女の子がそう言ってきたので「そうだね。今日は三人で帰りましょう」

Kさんもそれを了承して、三人で裏口から出ることにした。

灯りを消して外に出ようとした途端、誰もいない真っ暗な店内から、カッカッカッカッと言うヒールの音のようなものが響いてきて、同時にガシャーンと何かが床に落ちた音がした。

みんな悲鳴をあげて逃げ出したという。

サイパンの砂

Mさんの母方の祖母には兄がいたという。その兄は戦時中、サイパンで戦死をしていると聞く。

Mさんが中学生になった年、その祖母がサイパンへ砂を取りに行きたいと言いだした。その砂を仏壇に供えて兄を弔いたいというのだ。

そこで祖父や祖母を中心に、父、母、Iさんや幼稚園にあがったばかりの妹も同行して、グァム、サイパンと戦地巡りをして帰ってきたことがあった。

それからしばらくたった日のことだ。

Iさんの母が「寒いから、お母ちゃんの部屋にあるカーディガン取ってきてくれる？」と妹に言うと、「うん」と言って妹が二階にある母の寝室へ向かって、階段を上がっていった。

しばらくして、二階から「ぎゃあ」という悲鳴と、続いて泣き声がしだした。

「どうした！」

Ｉさんと母が急いで二階へ行ってみると、母の寝室の前で大声で泣いている妹がいた。

「なにがあったの」と母が妹を抱きかかえた。

すると「おじさんがいた。おじさんがいた」と母の寝室を指さすのだ。

「おじさん？　だれだそれ」

Ｉさんが訊《き》くと「知らない人」と言う。

泥棒か？　そう思ってＩさんはバットを片手に母の寝室に入っていくが、誰もいない。

「誰もいないじゃないか」

「ううん、いた」と妹は言う。

「どんなおじさんだった？」

「顔半分がない人」と言う。

「なんだそれ？」

こういうことだった。

カーディガンを取ってこようと母の寝室に入り、電気を点《つ》けた。すると、ポタリ、ポタリと水滴が落ちてきたのだ。なに？　と天井を見上げる。

なんとそこにはジャングルで見るような大きな葉っぱがたくさんあって、そこから水滴が落ちている。その水滴を目で追うと、目の前にジャングルと池がある。その縁で顔を洗っている男がいた。その男がふっと顔を上げたら顔半分がなかったのだ。ただ、怖いという気はせず、なんだか優しそうなおじさんだなと妹は思ったらしい。

するとと男は妹に近づいてきて「驚かせてごめんね。この顔はね、大砲で吹き飛ばされてこうなったんだよ。で、お嬢ちゃんを見た時、おじさんの娘に似ていたもんだから、つい、ついてきちゃったんだ。驚かせちゃったね」

そう言うと、そのおじさんはフッと消えた。

目の前のジャングルもなくなっていて、いつもの母の寝室に戻っていた。この時、あのおじさんは人間じゃなかったんだと気がついて、急に怖くなって泣きだした。そういうことだったらしい。

「そのおじさんて、ひょっとしておばあちゃんの、サイパンで亡くなったお兄さんかしら」と母は言う。そして電話をかけて、妹の見たことを話してみた。

すると「いや、それは違うと思う」と祖母は言う。

「うちの兄さんはね。戦地から帰ってきたお友達から聞いたんだけど、虫に刺されてそれが原因で高熱に襲われて死んだと聞いてるよ。だから、大砲だとか弾に当たったとか、そんな死に方じゃなかったみたいだよ」

その男は、サイパンからついてきていたのだろうか？

知らない部屋

Hさんが会社に着くと上司のM課長も出社してきた。

「課長、おはようございます」

すると「おはよ」と挨拶《あいさつ》する課長の様子がいつもと違う。

「どうかしたんですか課長。なんかテンション低いですねえ」

すると「うん、なんかわからんけど、やらかしちゃってなあ」と言う。

「なんかあったんですか？」

課長が言うには、昨夜遅くまで飲んでいた。それでタクシーで帰ったが、途中で寝てしまったらしく、起きたらベッドで寝ていたという。

「その間の記憶が全くないんや」

「へえ、珍しいですねえ。僕も何度かご一緒しましたけど、課長ってお酒強いじゃないですか。そんなことってあるんですね」

「いや、はじめてや。こんなこと」

「じゃ、よっぽど飲まれたんですね」

「まあ、いつもと同じで、特別飲んだってわけやないけどな」

「でもそれくらいでやらかしたって、大げさじゃないですか」

「いや、違うんや。起きたらベッドやったけど、隣に知らんおっさんが寝てたんや。俺、びっくりしてな。いったいこいつ、誰や、思って見たんやけど全然知らん人でな。タクシーの運転手かとも思ったけど、そうでもない。で、部屋も俺の部屋と違う。見たことのない部屋でな。で、俺カッターシャツにズボンで寝てたんや。おっさんを寝かせたまま玄関から出るとな、そこ、うちのマンションや。で、部屋番号見たら、そこは俺の部屋の真上の部屋やったとわかった。急いで階段を駆け下りて、自分の部屋に入ったら、スーツはクローゼットに掛かってた。つまり一旦《いったん》自宅に戻って、それから上の部屋に行ったということになる。全然記憶にないねんけど、酔っぱらってエレベーターか玄関の前で上の人と会って意気投合して、部屋飲みでもしたのかなあと……」

「いやいや、課長って、そんなタイプ違いますやん」

M課長はとっつきにくい人で、どっちかというと不愛想だ。そんなことは考えられない。

「じゃ、俺、なんで上の階の知らんおっさんと寝てたんや。どうもわからん」

「それでヘコたれてんですか」

「そや。俺、どうしたらええ？」

「同じマンションの人でしょ。また会うこともあるでしょうし、迷惑かけたことは間違いないですから、謝りに行った方がええんやないですか」

Hさんがそう言うと「そうやろなあ。まあ、菓子折りでも持っていって謝罪するわ」と課長は頭を掻《か》きながら返事をした。

翌日、M課長がHさんに「昨日、阪急《はんきゅう》デパートで菓子折り買って、上の人に謝りに行ったんやけどなあ」と話しかけてきた。

「どうでした？」

出てきたのは、全然別の人だったという。

若い男。二人で住んでいるのかと一瞬思ったが、ここは1K。ちょっとそれは考えにくい。

「あのう、昨夜私、お宅にお邪魔したと思うんですけど」

そう若い男に話しかけると「はあ？　おじさん誰です？」と言われた。

「あのう、もう一人の方、おられますか？」

「僕、一人ですけど」

その若い男の肩越しに室内の様子が見えるが、昨夜の部屋とは明らかに違う。

「あっ、間違えました。失礼しました」

そう言ってドアを閉めて、部屋番号を確認した。やっぱりこの部屋で間違いない。しかし、念のために両隣にも行ってみた。やっぱり全然知らない人が出てきて、室内の様子も違って、同じことを言われた。

ちなみにそこが最上階なので、他に部屋はない。

「けっきょく、昨日買った菓子折り、誰にも渡せんかったから持ってきたわ」と課長が言った。

女であって人ではない

奈良県と京都府の県境のK市に住むCさん夫婦の目撃談である。

Cさんは定年退職をして、悠々自適の生活を送っている。夫婦仲もよくて、よくCさんの運転する自家用車に乗って、ちょっとした旅をしたりおいしいものを食べに行ったりするのだそうだ。

ある日もランチを食べようと、二人で出かけた。

車である山道にかかった。

よく通る道で、その左脇には竹藪《やぶ》が広がっている。

するとその道の先に、通信会社の工事用の赤い車両が停まっていて、その周りに何人かの作業員が立っているのが見えた。なんだかその風景に違和感を覚えた。

作業員は作業をしているわけでもなく、なんだかみんなで、竹藪へと入る道の方を啞然《あぜん》として見ているのだ。

奥さんもそれを奇異に思ったのか「なんやろねえ」と言う。

減速しつつ、様子を見る。

やはりおかしい。作業員たちは道を見たまま、なんだか固まっているのだ。

「ちょっと見てくるわ」

Cさんは車を停めると、降りてみた。

その瞬間だった。

カラーン、カラーン、という音が竹藪の方から聞こえだした。

「何の音や？」

固まっていた作業員たちもその音を聞いてザワつきはじめた。

カラーン、カラーン。妙に響く音。

すると竹藪の向こうから、高下駄を履き、ぼろぼろの膝上丈《ひざうえ》の着物を着た女のようなものが現われた。カラーン、カラーンという音は、その女の高下駄からしている。

そしてその女の顔は、Cさんが言うには「まるで電子レンジのような顔」だったという。

横に大きく、四角い顔。その大きさも電子レンジくらいあったという。

だからそれは女のようだが、人間とはいいがたい、何かわからないモノだったというのだ。それが、カラーン、カラーンと音を響かせながらこっちへやって来る。

この間、あたりは静まり返っていて、その音だけが一帯に響いている。

そしてこっちへやって来たかと思うと、くるりと向きを変えて、奥さんが乗っているCさんの車へと向かおうとしている。車の中から悲鳴が聞こえた。

慌ててCさんも車へ戻るが、奥さんは中から鍵《かぎ》を閉めてしまったようで中へ入れない。

「おうい、開けてくれ。開けてくれ」と、サイドガラスを叩《たた》いて合図をするが、奥さんは目をつむってぶるぶる震えている。

やがてその電子レンジのような顔の女は、Cさんの目の前を通るとまたくるりと向きを変えて、今度は赤い車両へと向かって歩きだした。

カラーン、カラーンという音は、遠くでも近くでも同じに響く。

わっと、作業員たちが逃げ出した。

すると赤い車両の脇まで来たとき、その女のようなモノは、パァーンという音と共に姿を消したのだ。同時に異様な音もしなくなった。

「おい、開けてくれ」

やっと奥さんは、はっとした表情を見せ、ドアを開けてくれた。

Cさんはアクセルを踏み込むと、急いで山を下りたのだという。

天狗様

和歌山県の田辺《たなべ》市に住むK子さんの中学生の頃の話である。

夕方、お母さんと部屋にいた。

すると窓も開いていないのに部屋の中に突風が来た。

「えっ、なに？」

するとお母さんが「あっ、行かなあかん」と言って立ち上がると、ちょっとした身支度をはじめた。

「どこ行くのん？」

K子さんが訊くと、

「今、天狗様に呼ばれたから、四、五日、留守にするわ」と言う。

「どういうこと？　天狗様ってなに？」

「お母さんな、巫女《みこ》の家系でな、天狗様に仕えてるんや。だから呼ばれたら行かんとあかんのよ」と言って、ほんとうに家を五日間留守にした。

お母さんが行った先は、熊野《くまの》古道《こどう》の大塔《おおとう》谷というところだったという。

自転車屋

自転車販売店を経営しているOさんの体験だという。
店には自宅から歩いて通っている。
大通りに面した店舗。
朝、店のシャッターを開ける。シャッターは三枚。
まず、真ん中のシャッターを開けて、通りから見て、右側、左側と開ける。
続いて、幟《のぼり》の看板を出そうと、店に入った。
なんだか薄暗い。
(シャッター、開けてるのに、なんで?)
そう思って振り返った。
通りから見た右側のシャッターが下りていた。
(あれっ、確か、開けたよな)
また外に出て、シャッターを開けた。
店に入った。

また薄暗い。振り返ると今度は、通りから見て左側のシャッターが下りている。

不思議、というより、めんどくせえな、と思った。仕方がない。また外に出てシャッターを開けた。そしてまた、店に入ろうとして足が自然に止まった。

ここではじめて、怖いと思ったのだ。

これ、このままお店に入っても、今度は真ん中のシャッターが下りるんじゃないか。

そして、深く考えたわけではない。なんとはなく、Oさんはポケットからタバコを取り出すと、一本口にくわえて火をつけた。そして、ふうっと煙を吹かした。

すると、店の奥から聞いたこともないような叫び声がして、何かが飛び出してきた。

そしてそれは、Oさんの足元を駆け抜けて外へと逃げた。

大狸だった。

Oさんがまず思ったのは、あんな大きな狸がどうやってこの店に入ったのか、ということだった。シャッターは閉まっていて、裏の出口も内側から鍵がかかっていた。

店内には、高級自転車も置いてあるので、防犯カメラが設置してある。

夜、店内で動くものがあったら、それをカメラがキャッチして自動で撮れるというものだ。

一週間分撮れていたが、何も映っていなかったという。

山の霧

『怪談狩り　葬儀猫』の「神隠し」「祭」「捜索」で、神隠しに遭った弟を捜しているAさんのエピソードを紹介した。この話もそのAさんからお聞きしたものである。

Aさんは亡くなった弟さんに残された謎を解明したくて、今もあちこちの山を登っているという。

数年前のこと。昆虫採集仲間のFさんとある山に登った。

ハイキングコースとなる登山道を歩いていると、ある家族連れとすれ違ったので互いに挨拶《あいさつ》を交わした。Aさんたちは昆虫を探しながらあちこち森の中を散策する。

すると、数メートル先の森の中に四、五歳くらいの男の子の後ろ姿があった。なんだか、ゆらゆらと山頂を目指して歩いている。

「あの子、さっきすれ違ったよな」

「ほんとだ。家族からはぐれたのかな」

周りを見るが家族の姿はない。

と、Aさんは何かを察した。

「来るぞ！」と叫ぶ。

「えっ、なにが？」と言うFさんに、山頂を指さして知らせた。

山頂に霧が発生している。それがまるで雪崩のようにこっちへ迫ってきているのだ。

「やばい」とAさんは子どもの方へ走った。子どもが歩いている地面からは無数の手が生えていて、ゆらゆらとその子を捕まえようとしている。

Aさんはその手を踏みつけながら子どもへと近づき、その子を抱きかかえた。

「おい、このまま下りるぞ」とFさんに声をかけると、そのまま山を駆け下りた。

「振り返るな。急げ」

必死に走って山から離れた。

山の麓《ふもと》では、この子の家族が待っていた。子どもが急に姿を消して大騒ぎをしていた。

無事、その子を家族に返して、二人は山を後にした。

「けっきょく、なんだったんだあれは？」とFさんは言う。

「俺な、あの子に近づいたときはじめてわかったんだけど、あの子、目をつむって歩いてたんだ。何かに魅入られたように。それで俺が抱きかかえると、ぷっつり糸が切れたようにガクッと意識がなくなったんだよ」

「地面から無数の手が出てたけど、それは俺の幻覚か？」

「いや、そうじゃない。俺も見てた」

「なんなんだあれは？」

蒼白《そうはく》の面持ちで、Ｆさんが訊《き》いてくる。

「前に話したことがあったよな。俺の弟が山の中で神隠しに遭ったたって話。あの時も同じようなことがあったんだ。山の神か妖怪《ようかい》か知らんが、連れていきたくなるタイプというのがあるんだろな……。まあ、助けられてよかった」

Ａさんは、突然山に現われる霧についてこんなことを言った。

その霧には、独特の乾いた匂いがするという。そして一瞬だが獣の臭いを放つらしい。その臭いで危険を察知する。

あの時も、その臭いがしたらしい。

目

同じAさんの話である。

友人のFさんと、ある夜、山に入った。昆虫採取が目的である。

山の中をあちこち昆虫を探していると、突然、若い男が現われた。

バスローブに革靴姿。

バスローブの下は、全裸であった。

金髪で、ホストでもしているような顔立ち。

なんだ？　拉致《らち》でもされたか？

それともラブホテルから逃げてきたのかな？

Aさんはそう思った。

しかし、あたりは山ばかりでラブホテルどころか民家もない。また、この山に来る間、車とすれ違ったこともない。下に車を置いてきたが他に車はなかった。それに、拉致されて逃げたとしても、この出で立《い》ちは尋常ではない。

と言っても、黙ってやり過ごすこともできない。

「そんな恰好《かっこう》で、寒くないですか？」

Aさんは、とりあえず男にそう声をかけた。

男はブツブツ何かを言いながら、突っ立っている。

「警察、呼びますか？」

そう尋ねても、やはり同じである。

こんな山の闇の中に、この男を独り置いて、このまま行くこともできないしなぁ。

すると男は、突然「うぁぁぁ」と叫びはじめた。

「あっ、関わったらあかん人だったのか？」

そう思って男を見た。

男の体に無数の切れ目が現われた。そして、その奥から無数の目が出てきたのだ。

男は苦しみながら、体をくねらせる。

そして叫びながら、暗闇の中に消えた。

バスローブと、革靴だけがそこに残されていた。


Aさんは革靴だけ持って帰ったという。

なにかあるのかなと調べてみたが普通の革靴だった。

不燃ごみとして処分したという。

湘南のバス停

神奈川県の湘南《しょうなん》のある町に住むOさん。

彼は自営業を営んでいるが、地元のボランティア活動も積極的に行なっている。

そのボランティア関係者たちと、打ち合わせを兼ねた遅い夕食をとった。

食事が終わると散会したが、「ちょっと話をしよう」と仲間のUさんと海沿いの道を二人で歩いた。この道はこのまままっすぐ行くとTの字になって左右に分かれている。

右へ行くと、海へと続く道となる。

左へ行くと、隣町へと続くが、そのすぐ横手に石段があり、朱色の鳥居が建っている。この石段を上っていくと、小さな祠《ほこら》のある稲荷神社である。そして鳥居の前には、バスの停留所がある。路線バスではなく、自治体が運営しているコミュニティ・バスのものである。

Oさんたちは、そこを右に曲がった。

その直後、後方からバスがやって来て左へと曲がり、稲荷前の停留所で停まった。

すると石段を駆け下りてくる一人の女性がいて、そのままバスに乗り込んだ。

バスはすぐ出発したが、すぐに車内の電気が消えて真っ暗になった。

「えっ、怖っ！　人が乗ったのに電気が消えた」

思わずOさんがそう言うと、隣を歩いていたUさんは「ああ、あれは最終バスなんですよ。ここから回送になるんで電気、消したんですよ」と言う。

「いやいや、人乗ったって」と言おうとしたが、そのまま黙って帰ったのだという。

水色のジャージで、肩と腕のあたりに白い二本の線が入っていて、ショートカットのおばさんだった。その様相から、不自然な感じはなかったという。

ピアノの修理

岡山県での話である。

Tさんは、ある大手ピアノメーカーのサービスショップに勤めている。

ピアノの買い取り、運送、設置、クリーニング、調律、修理やレンタルといったサービスを行なうのである。


ある日、ピアノの修理の発注があった。

Tさんは早速部下を一人連れて、その家へ車で向かった。

そこは普通の二階建ての一軒家。玄関のチャイムを鳴らすと、落ち着いた感じの上品な中年女性が出てきて対応してくれる。ここの奥さんのようである。

家へ上げてもらうと「ピアノはこちらです」と案内された。Tさんたちはその奥さんの後をついていくわけだが……。

なにかこの家の雰囲気が異様なのだ。

まず、あたりはしーんとしているが、廊下の奥からなにやらブツブツという人の声のようなものが聞こえてくる。見るが人影はない。それに家全体にお香のような匂いが漂っている。

とはいえ、他人様《ひとさま》の家のことだ。余計な詮索《せんさく》はしないことにした。

ピアノは立派なグランドピアノだった。

思わずTさんが「いいピアノですね」と言うと、「なんだか音が出なくなっちゃったの」と奥さんは応《こた》えた。

「ちょっと中、見てみますね」

屋根を上げて突上棒をかます。内部を見て驚いた。

ある木製の部品が、まるで鋭利な刃物で切ったかのようにパッカリ真っ二つに割れていたのだ。作為的なことでないと、こうはならない。

「奥さん、こりゃあ音出ませんねえ。ほら、割れてますよこれ。新しいのと取り換えておきましょう」。そう言って部下に車の中にある新しい部品を取りに行かせた。

新しい部品に取り換えて、ピアノを鳴らした。ちゃんと音が出ることを、三人で確認した。

「これで大丈夫です」

「助かりました」

書類にハンコを押してもらいながら、Tさんが何気なく訊いた。

「立派なピアノですけど、お仕事かなにかで使われるんですか？」

「ええ。実は息子がピアニストなんです」

ああ、なるほど、とTさんは思った。これは素人が使うような代物ではない。

「ありがとうございました」と、その日は帰った。


翌朝、会社に出ると修理の依頼書が来ていた。

見ると昨日と同じ家だ。

「あれっ。ここって昨日行った家ですよね」

すると上司は「そうだよ」と言う。

「いやいや。昨日ちゃんと直しましたよ。なあ」と昨日同行した部下を見る。

「ええ、ちゃんと家の人にも確認してもらいました」

「で、壊れたんですか？」

Tさんは驚いて訊《き》き返した。

「まあ、そういうことだな。今朝一番に電話があってまた来てほしいって言われたんだよ」

同じ部下を連れて昨日の家へ行った。

また、あの奥さんが出てきた。怪訝《けげん》な顔をしている。

もしかしたら、この人たち、手抜き仕事しやがったな。ちゃんとやらないで帰ったな。

そんなことを思われているのかもしれない。ちょっと低姿勢で奥さんに声をかける。

「すみません。昨日見させていただいて、部品を交換して、音もちゃんと鳴るのを確認して帰ったんですけど。また何かありましたか？」

「それがね。朝、ピアノに触ったらまた音が出なかったのよ」

「そうですか。すみません。また見させていただきますね」

家に上がらせてもらって、また奥さんの後をついていく。

やはりこの家の異様な雰囲気が伝わってくる。どこからか人の声のようなものがブツブツと聞こえてきて、お香の匂いもする。そして得も知れないどんよりとした重い空気を感じるのだ。

ピアノを前にして、鍵盤《けんばん》を鳴らしたが確かに鳴らない。

昨日同様にピアノの内部を見てみたら、同じことが起こっていた。

昨日交換した木製の部品が、まったく同じ状態で真っ二つに割れていたのだ。

Tさんが言うには、「これはあり得ないこと」なのだそうだ。

ピアノを長年使っているうちに消耗して、ヒビが入るとか、緩くなるとか、時には割れることもあるかもしれない。しかし、新品がこんなになることはまずあり得ない。

もし、そうであるなら、これは人為的なものだとしか思えない。

しかし、現実に、割れたその部品が目の前にある。

「おい、車に戻って、これと同じ部品持ってきてくれ」

部下に新しい部品を持ってこさせると、交換する。そして鳴らした。

ちゃんと音は出る。

「奥さん、確認されましたね」

「ええ。確かに」

また書類にハンコを押してもらう時、さすがにTさんは訊《き》いたという。

「あの、この家、奥さん以外に誰かいますか？」

「いいえ。この時間はいつも私一人なんです」

「でも、なにかブツブツという人の声が聞こえるんですけど」

「ああ、あれはお経の音なんですよ」

「お経？」

奥さんが言うには、ＣＤラジカセでずっとお経のＣＤを流しているというのだ。

「なにかあったんですか？」

訊くと、奥さんはちょっと困った顔をしている。

「いえね、奥さん。これは言い訳じゃありません。昨日、今日と取り換えたあの部品ですけどね。あんな風に真っ二つに割れることなんてまずないんです。しかも昨日取り換えて、朝になったらまた割れるなんていうことは、考えられません。たとえ不良品だとしても、こんなにキレイに割れることもあり得ません。なにか、ありますよ、これ」

そう言うと奥さんは「実は、うちの家はしばらく前から、妙なことが立続けに起こっているのよ」と言いだした。

例えば、携帯電話やテレビやビデオ、エアコンなどのリモコンが突如なくなるのだという。

「さっきまで携帯電話、そこの机の上にあったよねえ」と言って探す。

「あれっ、今、リモコン使ってテレビ点《つ》けたんやけど、リモコンどこ行った？」と言って探す。家族総出で探すが見つからない。それで携帯ショップで新しい契約をするなり、家電販売店で新しいリモコンを購入なりする。しばらくして、それらはまたなくなっている。そんなことが繰り返される。

ある日曜日のこと。ご主人が家にいた。たまたま玄関近くの廊下の壁が変色しているのを見つけたという。白い漆喰《しっくい》の壁のはずが、ある場所が黄色くなっている。

「なんだこれ」

思わずその部分を指で触れると、ボロッと壁が崩れた。

「うん？　なんだ、腐ってるのか？」

そのまま指を突っ込んでみると、ボロボロと崩れて穴が開いていく。なんだなんだと、指を壁の中に入れていくと、何か硬いものにあたった。なにかあるぞ、そう思ってバリバリバリッと壁を崩してみた。簡単に壁が崩れて間柱の間に何かがあることを発見した。

それは大量の携帯電話やリモコンだったのだ。全部、なくなったと思って探していたものだ。わけがわからない。

ところがこの日以来、やはり物がなくなったり、勝手に移動したり、割れたり、また誰もいないはずの部屋から人の話し声が聞こえるようになったのだと、と奥さんは話す。

「で、何か対策はされたんですか？」

「ええ。知り合いに頼んで祈禱《きとう》師さんに来ていただいたんです。祈禱してもらって、お札も貼ってもらいました。それに、ここにお神酒《みき》をあげてくださいとか、お清めのお塩を置いてくださいとか言われて、その通りにしているんですけど、全然効かないんです。いえ、それどころか、事態はどんどんひどくなりましてね。主人は、これはおかしい。きっとこれは誰かが隠れているか侵入しているんだ。つまり人が関与してるんじゃないかって言いだして。警察の方に来ていただいたこともあるんです。鑑識の方に、壁から廊下から床からガラス窓まで指紋を採取してもらったんですけど、家族以外の指紋は見つからなかったと。だから原因がわからないんです。そしたら今度は、ピアノが壊れだしたんです。息子は毎朝レッスンをするんですが、急に鳴らなくなったので『母さん修理頼んでおいて』って頼まれましてね。それで私がこうやって立ち会っているわけなんです」

なんとも奇妙な話だ。

ちょっとそんな話、信じられないな、という疑問もわく。ただ、最初にこの家に入った時の違和感と重たい空気はTさん自身が体感したことだ。そして今も、お香の匂いはするし、CDのお経の声もどこからともなく聞こえている。

「このお経なんですが、流していると効果でもあるんですか？」と訊いてみた。

「これを流しますとね、物がなくなる頻度が落ちるのよ。それでもなくなることは続いてるんですけどね。でもね、お塩やお神酒をお供えするよりは、お経の方がちょっとは効くみたいなのよ」

「そういうことですか。それでピアノが壊れたのが昨日から、ということなんですか？」

「いえ、こういうことの原因は、ピアノだと言われたのよ」

「ピアノ？」

奥さんが言うには、ある人の紹介で霊能者に来てもらったというのだ。すると、このピアノに三人の霊が取り憑《つ》いている。なかなか執念深い霊で、それがこの家に妙な異変を起こしている。でも、私たちの力ではどうすることもできない。だから、このピアノは家から出して、お焚《た》き上げでもしてもらうしかない、と言われたのだという。

「でも、息子さんはこのピアノを気に入っていて、手放せないのでしょう。これはいいピアノですからねえ。簡単に代用品ともいかないでしょうし」

「そうかもしれないわね。ともかく息子がこのピアノを手放したがらないのは確かなことなの。だからこうやって、壊れたら修理に来てもらう。それしかないのよね」

そんな話を聞かされて、Tさんは困ったのである。

車に乗り込んで部下に運転をまかせて、報告書を手にして考える。

こんなこと、書いて信用してもらえるのだろうか？

もし、こんなことが続くと自分たちの怠慢とか技術不足を指摘されないだろうか。しかしこれは、明日《あした》も起こるかもしれない。しばらく悩んだが、奥さんから聞いた話とあったことを正直に報告するのが義務であり、正しいことだとTさんは考えたのだ。

そして、あちこち注釈を入れながら、ともかく聞いたことを書き連ねた。

報告書を書き終わると、ちょうど車が会社の駐車場に入ったところだった。

車を所定の位置に停め、ドアを開けて駐車場のコンクリートの床に、足を下ろした瞬間のことだった。

「いたたたっ」とTさんはその場に転倒した。

下ろした足に激痛が走ったのだ。

部下がすぐに救急車を呼んでくれて、病院へ搬送された。

肉離れ、全治一ヵ月、と診断され、すぐに入院となった。


翌日、直属の上司と本部の人が見舞に来てくれた。

「大丈夫か」と声をかけられた。

「ご心配おかけして、すみません。あの、報告書は読んでくれましたか？」

すると本部の人が口を開いた。

「読ませてもらったよ。実は同じような報告書が過去、いくつか上がっててな。それは昨日君が行った家ではない。別の家だ。しかし同じことが書かれている。やっぱり部品が割れてて取り換えても同じことが何回も起きる。どうもこのあたりの土地の特徴みたいなんだよな」

「だからな」と直属の上司が口を添えてくれた。「お前たちが、手を抜いたとか、いいかげんな仕事をしたとか、そういうことは思っていない。だからもう、あの家へは行かなくていいから」

そう言われたという。

このあたりの土地の特徴。その言葉がTさんの耳に今も残っていて、何のことだろうと不思議に思っているそうだ。

伏せなさい

Sさんの伯父《おじ》の話だという。

Sさんは昭和三十九年生まれで、父は十年生まれ。父は八人兄弟の末っ子で、兄三人、姉四人がいる。

Sさんが小学校の六年の時、明治生まれの祖母が亡くなった。

実家で葬式を執り行なって、その後精進落としとなった。

すると二階から、どおん、どおん、とかなり大きな音がした。その途端、その場にいた全員が天井を見上げた。Sさんも一緒に見上げたことを覚えている。

すると、父のひとつ上の兄が、「今、かあちゃん、出ていったで」と言う。

二階の音がした場所は、Sさんの祖母が使っていた部屋だったのだ。

すぐに何人かが二階へ様子を見に行ったが、誰もいなかったという。

Sさんが高校生になった時、この伯父が訪ねてきて、何やら父と話していた。Sさんはたまたま聞いていたが、こんな話が出た。

その伯父は、物品を輸送する仕事をしていたが、それは数日前のことだという。

仕事のため、ライトバンを運転していた。途中、赤信号となって停車した。

その時、突然伯父は名前を呼ばれ、続いて「伏せなさい」という声を聞いた。

とっさに運転席から助手席に向かって身を倒した。

その途端、ものすごい音と衝撃が来た。後続車が突っ込んできたようだ。

たちまち後ろに積んでいた積載物が運転席に押し寄せ、フロントガラスを割って次々と落下していった。

二トントラックが突っ込んできたとあとでわかった。

ライトバンは廃車になったが、伯父はかすり傷ひとつなかったらしい。

「『伏せなさい』と言ったその声な。死んだかあちゃんやった。かあちゃんに、命救われたんや」

そんな話だったという。

弟

Fさんの幼稚園の頃の記憶だという。

ヤマグチ君という友達が出来た。きっかけは、歯ブラシの柄が同じだったから。

それからは、ヤマグチ君といつも遊ぶようになった。

幼稚園の帰り際の時間になると、必ずオニゴッコとなった。遊んでいるうちに園児たちを迎えに親たちがやって来る。

この時に限って、ヤマグチ君の横に自分達より二つ、三つ年下の男の子が現われて、必然、一緒にオニゴッコをすることになった。まだヨチヨチ歩きの残る子で、肌は浅黒く、彫りの深い顔の子だったのを覚えているという。

ヤマグチ君は色白の子。顔立ちからしても兄弟とも思えない。ただ、いつもヤマグチ君の横にいるのだ。

「お前、なんか外国人みたいやなあ」とその子に言うと、ニコッと笑ったり、時にはケラケラと笑った。

一度、ヤマグチ君に訊《き》いたことがあった。

「あの子、お前の親せきの子かなんかか?」

するとヤマグチ君はその子を見て「えっ、あ、弟」と言ったのだ。

「あ、そうなんや。全然見た目似てないけど、そうなんや」

卒園すると、小学校の学区が違うこともあって、ヤマグチ君とは会わなくなった。

それから二十年ほどして、コンビニで立ち読みしているとS君という幼馴染《おさななじみ》と偶然出会った。

「よお、懐かしいな」「今、なにしとるん?」と声を交わして、ちょっと飲みに行こう、ということになった。この時Fさんは「そういや、ヤマグチっておったよな。あいつ、元気にしてる? 確か仲良かったよな」と言うと「おう、今もたまに会《お》うとるよ」と言う。

じゃあ、ヤマグチも呼んで三人で飲もう、ということになった。

ある居酒屋で待ち合わせをして、久しぶりにヤマグチ君も顔を出した。

「ところで、あの弟、元気なん?」とヤマグチ君に訊いた。

え、どういうこと、という表情になった。

「弟おったやん。お前は色白やのに、妙に浅黒い弟。どうしとるん?」

するとヤマグチ君は「お前、なに言うてるん?」と言ってきた。

S君も「ヤマグチって、一人っ子やがな。弟って誰のことや」と言う。

「いやいや、おったやん。外国人みたいな子。幼稚園の帰り際にいつも現われてたやん。ほな、あれ、誰やねん」

ヤマグチ君もS君も、そんな子を見た覚えはないという。

消えた

ミュージシャンのHさんは、妻のY子さんとデュエット曲を歌っていた。

二十年ほど前、そのデュエット曲のCDを自主制作して売りだしたところ話題となって、あらためて全国で発売されることになった。

Hさんは張り切って「二人で全国を車でまわるキャンペーン旅をやってみないか」と持ち掛けた。Y子さんも承諾して、自前のライトバンに乗って、北海道を皮切りに東北から関東へとまわった。

この時の車にはまだナビは搭載しておらず、全日本道路地図を頼りに道を走った。

茨城県の国道を走っていた時のこと。

春先で天気も良く、車窓を流れる一面の菜の花を眺めながら、気分良く走っていたが、やがて道幅が狭くなってきた。

「これ、対向車来たら、避《よ》けきれないよな」

「国道から外れたのと違う？」

地図を見てみるが、国道を走っていることには間違いない。ただ、正確な位置がわからない。それにさっきから気になるのが、対向車どころか車の姿をまるで見かけないのだ。

だんだん空も暮れかけて、このまま夜になるのかと不安になってきた。

そこへ、白い軽自動車が向こう側からやって来た。

「地元の人だ。道、訊こう」

Hさんは、車を路肩に寄せて「すみませーん」と声をあげて手を振ると、軽自動車はHさんたちの前で停まった。

「あの、ここ国道○○号線で間違いないでしょうか?」

地図をもって、軽自動車に近づいた。

するとウィンドウが開いて、白いワンピースに白い麦わら帽子、白い手袋の色白の女性が、姿を現わした。

「ここ、国道○○号線でいいんですかね。初めての土地なもので、迷っちゃったんですよ」

そうHさんが尋ねるが、女性は下を向いたままなにやらブツブツ言っている。

もう一度、同じ質問をした。

だが女性は、下を向いたままブツブツと言っているだけで、目を合わせようともした。

「あのう……」

もう一度声をかけようとすると、ウィンドウが閉じられ、ギアを入れたのがわかった。

「えっ、行くのかよ！」

仕方なく車から目を離し、二、三歩歩いて振り返ると、車はもうなかったのだ。

「消えた？」

その瞬間、ブッブッと聞き取れなかった女性の言葉が、鮮明に頭の中に甦《よみがえ》った。

「死んじゃえば。死んじゃえば。死んじゃえば……」

ゾッとした。同時にこれは妻に言わないでおこうとライトバンに戻った。

黙って車を出すと、いつの間にか、車が行き交う国道に戻っていた。

また、暮れかけていたはずの空もまだ明るい。

Hさんは少し安心して「実はさっきの女なんだけど……」と言いかけると、Y子さんは「うん、消えたよね。きっとキツネだよ」と言った。

なぜ、彼女がそう思ったのかは訊かなかったが、キツネと聞いて、Hさんもどこか、腑《ふ》に落ちたという。

乳母車

Kさんが彼女とドライブに出かけた。

和歌山県の古い神社を巡って奥深い山道ばかり走っていたが、そのうち、秋の空がどんどん暮れだした。

「いったい、ここはどこだ？」

未舗装の山の一本道。道幅は狭く、脇道もない。引き返そうにもUターンもできない。

とうとう日も暮れ、ヘッドライトの灯りだけが頼りとなった。

「どうする？」

助手席の彼女も不安を口にした。

「どうするって。このまま真っ直ぐ行っても何もなさそうだし、どこかでUターンしようと思ってる。けど、車を回すスペースがないねんな。とりあえず、そういうスペースがあるところまで行くしかない」

Kさんはそう言って、しばらく車を走らせた。

するとと、道の先が広場になっているのをヘッドライトが照らし出した。ただ、そこも山の中で灯りはなく、漆黒の闇を形成している。

とりあえず、広場に入って車を回転させる。ヘッドライトも移動して、森の木々を次々と照らし出す。と、いきなりドキッと心臓が高鳴った。

途中、乳母車を照らし出したのだ。

ベビーカーではない。いかにも昭和の時代を思わせる籠《かご》のような古い形のもの。

「こんなとこに、なんで?」

ここに来るまで人家はなかったし、この先にあるとも思えない。

何にもない、漆黒の森の中だ。

「なんなん、あれ?」

彼女もそれに気づいたようだ。

「中に赤ちゃん、いたりして」とKさんが冗談を言うと、「そんな怖いこと言わんとって」と彼女は怖がった。

Uターンを終えて、車をもと来た道へと戻したとき、彼女が悲鳴をあげた。

「なんや、どうした」

「ええから、早く行って」

彼女はそう叫んだ。

そのまま来た道を戻る。
その間、彼女はずっと両手で顔を塞《ふさ》いで震えている。
「どうした。何があった？」「なんか見たんか？」
彼女に声をかけるが、何も言わない。
町の灯りが見えだすと、やっと彼女が口を開いた。
例の広場で車のUターンを終えた時、彼女の視線がふっとバックミラーに行った。
テールランプに照らされたのが、暗闇の中の乳母車だった。そして、はっきり見えた。
中から赤ちゃんの手が出ていて、バイバイをしたのだという。

ご先祖様

Sさんの家の宗派は法華宗だという。

ご先祖様の中に、本格的な修行をした人がいたらしい。僧侶《そうりょ》というわけではない。仕事を持ちながらの修行だったというが、Sさんが生まれたときにはその人は亡くなっていて、写真でしか見たことがない。

恰幅《かっぷく》のいい優しそうな表情の男という印象を受けたという。

さて、このSさん。

彼女は長らく喉《のど》の病気で苦しんでいた。

喉に小さな穴が開いて、そこから細菌が入り込んで炎症を起こしたのだ。とにかく、喉が痛くてしんどい。

特に夕方の五時以降になると、必ず四十二度の高熱に襲われる。もちろん寝込むことになって何もできない。ただ、昼間は七度五分の熱で収まるのだ。

それでもしんどいが、なんとか動けるうちに家のことは全部やるしかない。

子どもが幼稚園に通っているのでその送り迎えをする。買い物をして夕食の準備をする。掃除、洗濯なども済ませる。

そして夕方五時以降は、朝まで動くことができない。

そんな毎日を送っていた。

もちろん医者には通っている。「扁桃炎《へんとう》です」と言われて薬をもらって帰るが、これがまったく効かない。

ある夜も高熱を出して寝ていた。

あまりにしんどすぎる。限界を思う。

（もう、しんどいわ。このまま私、死ぬんかなあ）

苦しさのあまり、そんなことを思った。

（死んだら、楽になるなあ。でもこのまま死んでもどうってことないなあ。子どもを残して死ぬのはちょっと未練があるけど、生きててもしんどいだけやし。なんかもう、死ぬことを思っても、全然怖いことないし）

Sさんは、いつも仏間で寝ている。

この時も仏壇の前で寝ていたが、ふっと気配がして仏壇を見た。

仏壇の前に、誰かがいる。

修行衣のようなものを着て、恰幅のいい優しそうな男。

（写真で見たご先祖様だ）

なんだかそのご先祖様は、こっちを見てにこにこ笑っている。

(お迎えに来た)と思った。

でもちっとも怖くない。それどころかこのまま死ねるとばかりに覚悟をした。そして目をつむった。

だが、目が覚めたら朝だったのだ。

(あれっ、お迎えに来たんじゃなかったのかな?)


その日の昼、職場にいる夫から電話があった。

「ちょっとある人からな、この病院行って診てもらったらどうやってアドバイス受けてな。そこの先生、喉の病気のスペシャリストやそうや。ちょっと場所言うぞ……」

その病院へ行ってみた。

「これは甲状腺腫瘍《こうじょうせんしゅよう》ですね」という診断が出た。

それまでとは違う薬をもらった。

するとたちまち病状は回復したのである。

「今思うと、あのご先祖様の笑顔は、大丈夫や、助けてやる、と言ってくれてたように思うんです」とSさんは言う。

常夜灯の影

Fさんはあるメーカーの営業を担当している。

ある日、大学を卒業したての新人が二人入ってきた。若い男性と女性。

上司に呼ばれて「二人を営業に連れていってくれ」と言われ、三人で外回りに出た。

お昼は「俺がおごるから」とレストランに入った。

この時、いろいろと話をしているうちにちょっと不思議な話となって、女性が「私、一度だけこんな体験をしました」と話してくれたという。

彼女が中学生の頃のことだという。


家の二段ベッドで寝ていた。

もともとは、姉が下の段、彼女が上の段で寝ていたが、姉が社会人になった時、別の部屋があてがわれて下のベッドが空いたので、そこを物置代わりにして、彼女は相変わらず上の段で寝ていたらしいのだ。

上のベッドで寝ると天井が近くにあり、部屋の蛍光灯が斜め横に見えることになる。

ある夜のこと。

いつものように常夜灯だけを点《つ》けた状態で寝ていた。しかし、なぜか寝苦しくて眠れないのだ。それでゴロゴロと寝返りを打つ。しかしあまりに寝苦しいので、思わず上半身だけ起き上がって、ふと、常夜灯の灯りに目が行った。そしてなにげなく、反対側の壁に目をやる。

常夜灯の光を受けて、起き上がっている上半身の影が壁にある。

また寝転がって眠ろうとするが、やっぱり寝苦しい。そのままの体勢でふと、壁に目をやった。上半身を起こしたままの自分の影がある。

あれ、寝ぼけてんのかなあ、と一旦《いったん》目を逸《そ》らしてもう一度見た。

やはり、上半身を起こしたままの影がある。

おそるおそる上半身を起こして、壁を見る。やっぱりその影は自分の影だ。手を上げたり下げたりするとその通りに影が反応する。

やっぱり私、さっきは寝ぼけてたんや。

そう思ってまた横になって掛け布団の中に入った。

だが、嫌な予感がする。

もう一度、うっすらと目を開けて壁を見る。

やっぱり上半身だけ起こした、ベッドに座っている自分の影があった。

ゾッとしたが、いつの間にか眠ってしまっていた。
「たった一度の、私の不思議な体験です」と新人の彼女は言った。

近所の人

ある休みの日の午後のこと。

Yさんが自宅で車を洗っていた。

すると近所に住むSさんというおじさんがやって来て、ぼおっとYさんの家を眺めている。

あっ、Sさんや。どうしたんやろな、と顔を見ると土色をしている。

なんだか気持ち悪いな、と思いながらもご近所さんなので「こんにちは」と挨拶《あいさつ》をした。しかし、Sさんは無言のままどこかへ行ってしまった。

なにか、気になった。


夕食時にそのことを父親に話してみた。

「あれっ、Sさん、入院してるって聞いてたけど、帰ってきはったんかなあ」と首を傾げる。

その二日後、Sさんが亡くなったという連絡があった。

Yさんの父親は、お通夜に出て遺族に言ったという。

「うちの上の息子から聞いたんですけど、三日前のお昼やったかな。Sさん、うちを訪ねてきはったみたいなんですが、帰ってはったんですか？」

すると、Sさんが病院で亡くなったのがその時刻だったと聞かされた。

Sさん、なにをしにうちへ来たんやろか？

それは謎のままである。

流れ人魂

Y子さんは高校生だったころ、広島に住んでいたという。

家は玄関を入ると右手にすぐ階段があった。そこを上がりきると大きな窓があり、右に行くと子ども部屋。左へ行くと和室となる。

その日は期末テストに備えて夜遅くまで勉強をしていた。

「そろそろ寝ようかな」と背伸びをして立ち上がった。

勉強は子ども部屋でしているが、寝るのは和室である。

廊下に出ると、その大きな窓がある。

この家がやや小高い場所に建っていたのと、周囲の家が平屋建てだったこともあって、普段はここから見る風景は、近隣の家々の瓦《かわら》屋根が見下ろせて、かなり見晴らしがいい。

ところがこの時、奇妙な光景が、窓の外にあった。

右から左へ、白い人魂のようなものが水平に飛んでいくのを見たのである。

「ン？　今のなに」

それが見えなくなるとすぐに同じ白い人魂が右から出ては、左へと飛ぶ。これが次から次へと連続して起こるのだ。フットボールくらいの大きさで、そこに長い尾のようなものが付いていて、ビュンと窓の外を流れていく。外は暗いのにそれがはっきり見えているということは、それ自体が発光しているようなのだ。

「なに、なに？　なんなの、これ？」

左へ消えると右に現われ、水平に流れるように左へと飛び、消えるとまた現われる。

すると、一つ、左から現われた。

そのまま見ていると、それは途中でくいっと上へ上がって、パッと消えた。

そこからはその人魂のようなものは現われなくなり、外は闇に包まれた。

「ま、寝るか」

Y子さんは和室へ向かったという。

歩く音

Kさんという女性が二十歳の頃のことだという。

公団住宅の二階に家族と住んでいた。当時は無職で、家にいがちだったそうだ。

ある日、ふと気がついた。

「これ、毎日あるよな」

毎日、夕方の四時になると玄関のドアがガチャリと開く。そして、バタンと閉まると靴を脱ぐ音がして、とっとっとっと、と足音がする。

玄関から入って左側がKさんの部屋。

その足音は、その部屋の前を通ってまっすぐ進む。そこから左へと折れる。そこは、リビングになっているが、そこから足音はしなくなり、以後、気配もしなくなる。

これが母親だとすれば、リビングの机の上に買い物袋を置いて、ガサゴソと開けたり、冷蔵庫のドアを開けたりする音がして、やがて夕食の準備をする音が聞こえてくるはずだ。しかし、そんな気配もないのだ。

何度か、おかしいなと思ってリビングを見たが、やっぱり誰もいない。

そして母親が帰ってきた。

玄関のドアが開くと「ただいま」という挨拶がある。そういえば、それもない。

毎日、四時になると、この足音が聞こえてくる。でも、それは気のせいか、と思って別に不思議とも怖いとも思っていなかったのだ。

ある日は、母親とリビングにいた。

ガチャ、とドアが開く音がした。

あっと時計を見た。四時。

ドアがバターンと閉まると靴を脱ぐ音がして、やがて、とっとっとっとと足音が来る。

「いつものが来た」

とKさんは言う。

「弟が帰ってきたんやろ」と母親は言う。

足音はそのまま奥にある弟の部屋のドアを開けて、中へ入っていった。

実はKさんがリビングにいる時は、足音はそのまま弟の部屋に入るのだ。部屋を覗《のぞ》いてみるが誰もいない。

「お母さん。今の弟と違うよ。見てきてみ」

そう言うが、母親はなんとも思っていない。

ところがしばらくして本物の弟が帰ってきた。

「あれ、お前、さっき帰ってきたんやなかったの」

「お母さん、なに言うてるねん」と言いながら、弟は部屋に入っていった。

しかしKさんは、ずっとこれを気のせいだと思っていた。

ところが後日、ある人から同じような現象を怪談として聞いて、その時初めて「あっ、じゃああれは、怪異だったんだ」と認識したのだという。

「その時思ったんですけど、あの足音は私が部屋にいるとリビングに入って、リビングにいると弟の部屋に入るんです。けど、なぜか私の部屋に入ってくることは一度もなかったんです。それが私にとっては不思議でした」とKさんは言う。


翌年、就職が決まって夕方に家にいることはなくなった。

それからは、不思議な足音は聞いていないという。

下駄の音

Y子さんが高校生の頃のことだと言うから、もう四十年ほど前のことになる。

彼女は奈良県K市の公立高校に通っていた。

周りは古墳だらけで夜になると真っ暗になり、ケーン、ケーンとキジの鳴く声が時々聞こえてくる、そんな田舎だったという。

当時、ゲーム機などというモノはない。そして遊ぶ場所がない。だから自然と神社やお寺の境内に集まり、オニゴッコやかくれんぼをするか、おしゃべりをするのが楽しみだったそうだ。

特に、怪談が流行《はや》っていたという。

どこそこの神社に幽霊が出るとか、山で天狗《てんぐ》のようなものと遭遇したとか。ただネットのない時代の高校生が語る怪談である。話を聞きながら怖いと思いながらも、まさかそんなことあるわけないよな、という思いでY子さんはそんな話を聞くことを楽しんでいた。

ところが、幽霊が確実に出るという場所が噂されていた。

いう。

M山の麓《ふもと》にある神社。夕方から夜にかけての時刻に行けば、必ず幽霊を見るのだという。

そんなことを聞けば、「そんなんおるわけないやん」と言いながらも、なんだか腰が引けて、行く者などいない。

ある日、一人の先輩が「よし、行くぞ」と言いだした。一、二年生の女子から憧《あこが》れの目で見られていたイケメンのK先輩。Y子さんは参加しなかったが、これは、K先輩と一緒に行ったというN君から聞かされた話である。

K先輩、H先輩、そしてN君の三人で自転車を漕《こ》いでそのM山の麓の神社へ向かったという。ちょっとした広場があってそこに自転車を置いて、長い石段を上ることになる。

もう日も暮れて、あたりは真っ暗。持参した懐中電灯で足元を照らしながら石段を上がった。

しばらく行くと鳥居があり、それをくぐると真っ暗な境内となる。

三人はそこに十分か十五分ほど留《とど》まって、様子を見た。何も起こらない。人もいない。

「なんも出えへんですねえ」

「ほんまや、つまらんのう」

「幽霊なんて、おらんのやって」

「ほやのう。もう帰ろうか。つまらんわ」

K先輩の一言で帰ることになった。

三人はまた、長い石段を下りることになる。

懐中電灯で足元を照らしながら下りはじめた。すると、カラッ、コロッ、と下駄の音が背後から近づいてきた。ふっと後ろを照らすと、一人のおじいさんが下りてくるのが見えた。

開襟シャツにツータックのズボン、黒いベルトに手拭《てぬぐ》いがぶら下がっている。そして下駄。

カラッ、コロッと彼が石段を下りるたびに、下駄の音がする。

「じいさん来た」

「ほんまや。俺らうるさかったんかなあ」

「いやいや、上、誰もおらんかったやん」

「まあ、ほっといて帰ろ」

三人は再び下りようとして、あることに気がついたという。

あたりは真っ暗。でもあのじいさん、灯り持ってなかったなあ。

カラッ、コロッ。

音はついてくる。

また背後を照らした。

おじいさんはいる。その瞬間、三人は悲鳴をあげて石段を駆け下り、停めてあった自転車に乗ると必死で漕いだが、その後の記憶がない。三人とも気がついたら家にいたという。


N君の話を聞いていたY子さんは疑問を口にした。

「悲鳴をあげたって、なんでなん？」

「そのじいさん、幽霊やったんや」

「幽霊？　なんでそう思ったん？」

「石段の段と、それを踏んでる下駄履いている足が合ってなかったんや。ちょっと足が浮いてたように見えた。けど、下駄の音はするねん。カラッ、コロッって」

高校時代に聞いた怪談は、ほとんど忘れてしまったが、「この話だけは鳥肌をたてて聞いていたので、覚えています」とY子さんは言う。

スズキユウイチ

この話はあるネットに掲載されているが、本人の許可を得て載せることにする。

Aさんは、あるセレモニーホールで働いている。


数年前のこと。

鈴木裕一《すずきゆういち》という三十歳の男性が入社してきた。

Aさんより二十歳ばかり若い、どこか陰のあるような暗い印象の男。しかしそこがセレモニーホールという職場にふさわしいような気もしたという。泊まりの夜勤業務も積極的に引き受けてくれて、仕事もよくできる後輩である。

年は離れていたが、二人は気が合ってよく会話もし、飲みに行くようになった。

聞けば、鈴木は隣の県の某一流会社の営業職にいたが、そこを辞めてしばらく療養して、この県に移り住み、このセレモニーホールの採用を受けたのだという。

鈴木が入社して半年ほどたった時、Aさんが誘った飲みの席で、いきなり鈴木はこんなことを言いだしたのだ。

「実は俺、ほんとはスズキユウイチじゃないんですよ」

「なんだ、突然なにを言いだすんだ？」

差し向かいで飲んでいる鈴木は、いつになく酔っているように思われる。

しかし鈴木は続けて言った。

「俺、アキヤマノブオっていうんです」

Aさんは、鈴木が酔って冗談を言っていると思った。

しかし、鈴木は真顔だ。

「まあ、突然こんなこと言っても、よくわからんでしょうね。実はね、Aさんにだけは、ほんとのことを知ってもらいたいんですよ」

鈴木はコップの酒を一気に飲み干すと、こんな話をしだした。

「あれは二年前のことです。俺ね、今働いているセレモニーホールの従業員用の仮眠室で目を覚ましたんです。最初は、ここがどこか、わからなかったんですけど……」

鈴木はこの時、頭の中がボンヤリしていたが、自分は取引先の社長の葬儀のためにここを訪れていたことを思い出し、ああそうか、焼香の香りがなんだか鼻について気分が悪くなって、それでホールの支配人の厚意で、この仮眠室に案内されたんだったな。それで、しばらく寝ていたんだなと、徐々に記憶が甦《よみがえ》っていったのだという。

「そうそう、俺を仮眠室まで案内してくれたの、Aさんだったんですよ。覚えていますか?」

「そういえば、そんなことがあったかな」

「とにかくね、頭の中がスッキリしないというか、でも気分はだいぶよくなったので、支配人にお礼を言って帰ろうとしたんです」

鈴木は、部屋を出てホールの出入り口に差し掛かった時、知った顔を見かけたのだという。

母方の叔父《おじ》さんだった。しばらく会ってなかったな、ちょっと挨拶《あいさつ》をしておこう。

そう思って叔父さんのあとを追った。

叔父さんは、やや人で賑《にぎ》わっているロビーに入っていった。どうやらこのホールの別の会場で開かれている葬儀に参列するようだった。

「叔父さん……」

声をかけようとして、はっとした。

その葬儀用の故人の名前が書かれたスタンド看板。

〈秋山信夫〉

自分の名前だ。

いや、そんなはずはない。きっとこれは、同姓同名の誰かだ。

ロビーを見回した。親しい友人や知人が大勢いる。

「もしや」と、会場に入った。

中央の菊の花に覆われた祭壇の上に、自分の笑顔の大きな遺影があった。

その脇の席には、喪服姿の両親、妹が座っている。

(これは、どういうことだ……?)

意味がわからない。

もう、フリーズしたように、その場から動けなくなった。

すると、その前を小学校時代からの友人が通りかかった。

その腕を摑《つか》んだ。

「おい、これはどういうことだ?」

すると友人は、その腕を振り払って言った。

「誰ですか、あなたは?」

「俺だよ。アキヤマだよ。アキヤマノブオだよ」

「バカな。悪い冗談はやめてください」

強い口調でそう言われた。

ほかの何人かの友人にも尋ねた。

みんな同じ反応だった。

「あなた、誰だ。ここから出ていってくれないか！」

そうまで言われた。

両親や妹に顔を見せたかったが、もう怖くてそんなことはできない。

また気分が悪くなった。

トイレに駆け込んだ。そして、トイレの鏡を見て、我が目を疑った。

鏡に映るのは、いつも見慣れた自分の顔ではない。年恰好《としかっこう》や体つきは似ていたが、まったく知らない別人の顔があったのだ。

思わずその顔を、撫《な》でまわした。そして引っ張った。つねってもみた。

やはり顔は別人。

しばらくは、洗面台の縁を摑んだまま、その顔をにらみつける。

「俺は、アキヤマノブオだ。間違いない。俺はアキヤマノブオだ。だったら、さっきの葬儀は誰のためのものだ？　あれはアキヤマノブオの葬式だった。俺の顔の遺影があった。だったら俺は、この顔の俺は何者なんだ？　何者なんだ？　この顔は誰なんだ？」

そんなことを考える。しかし、考えても考えても堂々巡りである。

そんな時、ふと、スズキユウイチという名前が浮かんだのだ。

はっとして、ポケットをまさぐる。すると財布と名刺入れが出てきた。

名刺入れには〈〇〇商事営業部　鈴木裕一〉という名刺が二十枚ほど入っていた。

これが、この顔の、俺とは別人の名前か。

ここが、この男の勤務先か。

名刺を見ていると、スズキユウイチの記憶が漠然と甦りはじめたのだ。

スズキユウイチの人生の諸々《もろもろ》、記憶、仕事ぶり、暮らしぶり、人間関係。

そういえば、さっきから耳に聞こえる自分の声も違っている。

この別人の顔と体。

これは、きっと鈴木裕一という人物のものだ。

ホールの仮眠室で目覚めた時の、スッキリしない感覚の原因はこれだったのか。

俺は今、スズキユウイチという赤の他人の肉体に乗って、操縦しているんだ、そう気づいた。とにかくこのままこうしていても埒《らち》が明かない。

家に帰った。

ところがマンションの自分の部屋のドアの鍵《かぎ》が開かない。見ると別人の表札が掛かっている。アキヤマノブオの家に帰っていたのだ。しかしなぜ、ここに別人が住んでいるのだ？

ここで、アキヤマノブオとスズキユウイチの記憶と感情が相乗りしてくる。

気持ちはまだアキヤマノブオだ。スズキユウイチの人格はない。ただ、スズキユウイチの記憶も辿《たど》れる。

その記憶をもとに、スズキの家へと向かった。そこは、明らかにアキヤマノブオの自宅よりは、高級なマンションであった。ちょっとしたジェラシーを感じた。

翌日、鈴木の名刺にあった会社に電話をかけ、体調不良でしばらく休むと届け出た。

さて、これからどうするのか。

こうなっては、どう考えてもスズキユウイチとして生きていくしかない。

日常生活は今まで通り、アキヤマノブオのままでいいとしても、仕事や社会での人間関係は厄介だと想像できる。

しばらくして、スズキユウイチとして会社に通った。

営業職というのは、ちょっとした会話の中で、瞬時の判断が必要だ。当然、今までやってきた仕事の内容、付き合いの在り方、過去の言動に基づいた返答ややりとりが求められる。

しかしここでスズキの記憶の奥にダイブして、その情報を引っ張り出すのに、数秒を要する。このズレが致命的だった。信用問題にも関わった。会話のテンポやリズムも悪い。

ただ、幸いにもスズキは、恋人もいないようだし、家族ともあまり会っていないようだ。だからそういう面倒くさいことは、やらずに済んだ。

ただ、職場はそうはいかない。

しばらく休職した。

考えた。

これなら、新しい職場、新しい人間関係を一から構築しなおす方が楽ではないか。

そこで、○○商事を退職し、記憶の二重生活に慣れるために三ヵ月ほど休養した。

スズキは貯えがあったので、生活には困らなかった。そしてその間、熟考したあげく、この奇妙な世界に入り込んだきっかけとなった場所へ行けば、アキヤマノブオに戻れるのではないか。

そう考えていると、このセレモニーホールが求人を出しているのを見つけた。

早速応募して、採用された。

そして、今の自分がある。

ほんとうはアキヤマノブオ。しかし今はスズキユウイチとしての自分。

「俺が泊まりの勤務を積極的にこなしているのは、すべての発端となったあの仮眠室で寝ていれば、いつか元に戻れるんじゃないか。アキヤマノブオが生きている世界に帰れるんじゃないか。そう思ってのことなんです」

そう鈴木が言ったときは、もう二人とも酔いは覚めていた。

けっきょく、鈴木の言ったことはどこまでほんとうのことなのか、酔っての戯言《ざれごと》なのかはAさんにはわからないという。

ちなみにその鈴木は、それから一年ほどして、セレモニーホールの仮眠室で亡くなったという。死因は心筋梗塞《しんきんこうそく》。

葬儀はこのセレモニーホールで執り行なわれた。

この時、参列者の一人の男が気分が悪くなったと訴えてきた。

支配人に言われて、その男を仮眠室に案内したのが、Aさんだったのだ。

プレハブの事務所

Uさんが故郷である広島県のある小学校に通っていた時のことだという。

通学路は一定ではなく、その日の気分や状況によって何通りかある道を通ったという。

その中の一本の道は、大きな空き地の脇を通っていた。そこは長年空き地だったが、ある時プレハブの建物が建ったのだ。

ある朝、友達と久々にその道を通ったら、プレハブの建物がなくなっていた。元の更地になっている。

ただ、奇妙なことに、その更地の上にスチールの机が四つ並んでいて、ロッカーや書棚も置いてある。まるでコントのセットのように思えた。

そこに、人がいる。

奥の机にはスーツを着た人がいて書類に目を通している。手前の机には、上司のような初老の男がいて、やっぱり書類を見ている。ロッカーの脇にも制服姿の女性が立っていて、彼女もパラパラと書類を確認するように見ている。まず伝わってきたのは、忙しい。とても忙しい、ということだった。

ロッカーの脇にいた女性は、書類を見終わると手前の上司の前まで来て、お辞儀をして書類を見せながら何かを言っている。上司はその書類にハンコのようなものを押す。女性はその書類を手にすると、またお辞儀をしてロッカーの脇に立つ。そして書類にパラパラと目を通すと、また上司の前に行き、お辞儀をしてハンコをもらってロッカーに戻る。そんなことを繰り返している。もう一人のスーツの男はずっと書類を見ている。

ともかく、忙しい、ということだけは伝わってくる。

ただ、建物もない更地の上で、事務の仕事をしている大人たちを見ていて、違和感を持った。そこで隣を歩いている友達に「あそこのな」と、指さすと「ああ、あのプレハブな、火事になって全焼したんやってな」と言う。

「ああ、それで建物なくなったんや。だから外で働いてるねんな」

そう子ども心に納得した。

しかし、帰りにその道を通ったが、やっぱりただの更地しかなく、机もロッカーも、働く人もいなかったのだ。

火事で亡くなった人がいたのかは、誰にも訊《き》かなかったし、わからないという。

隣

Fさんが二十歳になって、彼女が出来た。

彼女は大阪市の中津《なかつ》のマンションに住んでいた。

はじめてその彼女の部屋に遊びに行ったとき「この部屋、ちょっとおかしいんよ」と彼女は言う。

「なにかあるん？」

「毎日ってわけでもないねんけどな。隣から、ゴンゴンて、激しく壁叩《たた》かれるねん」

「ふうん。隣の人、うるさかったんかなあ」

この会話は、この時はそれで終わった。


しばらくして彼女と会ったとき「あの音やねんけどな。原因がわかったんよ。いや、わかったというのんかなあ。わからんかったんかなあ」

そんなことを言いだした。

「あの音って、隣からゴンゴンて、叩かれるっていう、あの音のことか？」

「そう。この前なんかな、あんまりゴンゴンて叩かれるんで、隣の人と話をした方がええのんかなあと思ったんよ。だって私、何もしてないのに叩かれてるんよ。それで部屋を出て、隣の部屋へ向かいかけて、あれっと思ったんよ」

彼女が言うには、今まで気がつかなかったが、自分の部屋と隣の部屋の間に、もう一つのドアがあったという。ただそれは自分たちの部屋のドアより一回り小さなもので、彼女なりにこれは排水用のパイプなどを納めるスペースのドアかなと思ったらしい。

ということは、壁を叩いているのは隣の人ではなく、このスペースに誰かがいて、ゴンゴンとうちの壁を叩いていることになる。

とりあえず、管理人を呼ぶことにした
管理人は「それじゃ見てみましょう」と鍵《かぎ》を差し込んでドアを開けてくれた。

やはり中は給水や排水用のパイプや配線が詰まっているパイプスペースだったのである。

ただ、そこに写真立てが一つ、置いてあったのだ。

台座はメリーゴーランドの形になっていて、写真には若い男女の姿があった。

「これ、なんですか？」

管理人に訊いた。なんだか原因はこれにあるように思う。

すると管理人は「なんでしょうね。誰かの忘れ物ですかねえ。まあこれは、このまま置いておきましょ」と言ってそのままドアを閉めて、鍵をかけてしまった。

壁を叩く音は、今もしているという。

修学旅行

H子さんの中学校の修学旅行先は沖縄だったそうだ。

三泊四日。その最後の夜のことだという。

大部屋に十人くらいの女の子がいて、みんなおしゃべりをしていたが消灯時間となった。

先生が見回りに来る。

「みんな、はよ寝なさいよ」

「はあい」と言って灯りを消して、みんな床に就いた。


朝起きるとA子ちゃんがもう起きていて、帰りの荷造りをしている。

「A子ちゃん、おはよう」

「ああ、おはよう」

「ところでA子ちゃん。なにしてるん?」

「だってほら、昨夜みんなで浜辺に遊びに行ったでしょ。あのあと部屋に戻って寝ようとしたんだけど、私ずっと眠れなくって。だからもう起き出して帰りの準備してるんだ」と言う。

「昨夜、みんなで浜辺に？　なにそれ？」

「だからさあ。みんな、浜辺で遊んだじゃん。そのあと眠れなかったのよ」

何の話かわからない。

A子ちゃんが言うには、夜中の三時ごろ、この部屋の全員が目を覚まして、ベランダから外を見たという。ベランダの外はすぐ浜辺だ。

「ねえ、みんな浜辺に行ってみない？」と誰ともなく言いだして「行こう、行こう」ということになった。それで先生に見つからないようにと、全員そっと浜辺へ出て、浜辺で一時間ほど過ごした。そして四時ごろ部屋に帰ってきて、みんな寝たけれどもA子ちゃんだけは眠れなかった、とそんなことを言っている。

「A子ちゃん。それ夢でも見てたんじゃないの。夜中の三時って、みんな寝てたよ。熟睡してたよ」

そんなやりとりを聞いて、女の子たちが集まってきた。

「浜なんて行ってないよ。ほんとにみんな寝てたんだから」と言いだした。

でもA子ちゃんも譲らない。

「行ったよ。絶対に行ったよ。みんな浜に行って貝殻や星砂をいっぱい拾って、夜空を眺めて、星がキレイねって言ってたじゃない」
「だから行ってないって。みんな寝てたって」
その話を聞いていた友人たちは「そんなことない」と否定する。
するとA子ちゃんは、「そんなはずない。ほら、これ見て。みんなで拾った貝殻よ」
とビニール袋を差し出した。
皆、それを見て驚いた。
ビニール袋の中にはいっぱいの貝殻や星砂が入っていた。
それは、一人や二人で拾える数ではなかったのだ。

百発百中

Fさんのお母さんは、今年七十三、四歳だという。

そのお母さんの子どもの頃の話だと言うからもう六十年ほど前のことである。

当時、大阪市生野《いくの》区のT町に住んでいたが、近くに交番があり、子どもだったお母さんはそこのお巡りさんと仲良くなって、よく話をしていたという。

お昼になるとお巡りさんは、交番の前にパイプ椅子を置いて、そこに座って弁当を食べていた。そんな時によく「お巡りさん」と声をかけて話をしたらしい。

お巡りさんもそれを邪険にすることなく、ちゃんと話し相手になってくれた。

ところが不思議なことがあったという。

交番の前は道路になっていて車が行き交っているが、お巡りさんはぱたっと箸《はし》を置くと、道路に出て「おい、停まれ」と走っている車を停車させる。

それが必ず無免許運転だったという。

当時、無免許運転は多かったようだがそれでも外したことがない。

よく見ていると、弁当を食べていて道を走っている車を見ているわけでもない。しかし、ある瞬間、箸を置いて立ち上がって、車を停める。

無免許運転。

「なんでわかるん?」と訊《き》いたことがあるらしい。

「まあ、毎日のことやからな」とお巡りさんは笑ったという。

「けどな。車のエンジンの音は同じやん。それとも免許を持ってる人の車と無免許運転の車って、音が違うんかなあ。どう考えても一緒やと思うけど」

Fさんのお母さんはよくこの話をしながら「人間て、研ぎ澄まされるとそういうこともあるんかなあ」と不思議がっていたらしい。

ところがある日もその話をしたあとに「あ、あるわ、そういうこと」と言いだした。

「私もな」とFさんは、こんな話を聞かされたという。

「私の若いころのことや。町を歩いている人見て、あの人は銀行員やとわかったから」

と言うのだ。

Fさんのお母さんは、そのころ大阪市本町にある大手銀行で働いていたことがある。

「なんでわかるん? スーツ着てるとか七三分けしとるとか?」

「違う。後ろ姿でわかるんや」

「けど、その人が銀行員やって、どう証明できるんや」

この人、銀行員やと思って見ていると、必ず銀行の通用口に入っていく。外れたことがないという。

無免許運転を摘発するお巡りさん、すごいわ、と話していたうちの母ちゃんもすごいやん、とFさんは思ったそうだ。

家を買った

Yさんの夫の仕事仲間にAさんという人がいる。

これはYさんが、ことあるごとにAさん自身から聞かされた話であるという。


Aさんは強引な性格の男で、なんでも家族に相談もせずに自分で決めてしまう。そういえばAさんの仕事ぶりも、強引なところがある。

ある時Aさんは家を買った。それで家族全員、引っ越したのだ。

これも家族になんの相談もせず、勝手に買って家に帰ると「おおい、家買ったぞ。明日《あした》から引っ越しの準備せえ」。

そんなノリだったそうだ。

家族は、奥さんと男の子二人、おばあちゃんの五人家族。

一家は考える間もなく、引っ越しせざるを得なかったらしい。


その家に一家が住むようになって数日したある深夜のこと。

家のある部屋からドォーンという大きな音が響いてきた。

同時に何かがズリズリッと畳を這《は》うような音もする。家族全員が一斉に目を覚ましてその部屋の前に自然と集まった。みんな手に手にバットやフライパン、包丁といった武器になるものを持っていた。

みんなが顔を見合わせる。

「今、この部屋からすごい音したな」

「うん、衝撃が来た」

「そのあとで、なにかが畳を這うような音を聞いたわ」

「なんやろ?」

目の前の部屋から大きな音となにかがいる気配がしながら、家族は全員ここにいる。

Aさんが襖《ふすま》を開けた。中は真っ暗で誰もいなかった。

これが皮切りだった。

朝になると家族の者が「昨夜、部屋にこんなもんが出た」とか「あそこあかんわ」と言いだした。つまり何らかの異変が起こっているというのだ。

「お父さん、ここ、よおないわ」と奥さんにも言われるが、「異変? 幽霊? そんなもんおらへんおらへん。気のせいや」とそういう話には一切耳を傾けなかったのだ。

事実、Aさん自身は何を見るでも聞くでもない。また霊だの占いだの、そんなことは一切信じないタイプの人だったのだ。

引っ越して十日ほどした午後。

Aさんは長男が使っている机を借りて会社の書類を作成していた。

すると、しきりに誰かの視線を感じたのだ。

「はて、なんやろ」

あたりを見回すが誰もいない。気のせいかとまた書類に目を通す。やはり視線を感じる。

誰かおる。そういう確信めいたものに襲われる。

「あ、おった!!」

ふっと視線を床に落とすと、子ども机の三段ある引き出しの下から男の顔が覗《のぞ》いていたのだ。思わずAさんは「お前誰や！」と叫んだ。

しかし男はAさんと目を合わせることもなく、どうやって出てきたのか気がつけば部屋の隅にしゃがんで、床の絨毯《じゅうたん》に両手を這わせて何かを探しているような仕草を見せている。

「お前は誰やて！」

Aさんはまた大声をあげるが男は同じ仕草を続けて、しばらくすると横に一歩移動して、また絨毯に手を這わせている。

「お前！」

Aさんがその男につかみかかろうとすると、その手がするりと抜けた。

見えてはいるが、実体がない。でもその男はまた一歩横に移動すると、絨毯をまさぐっている。Aさんのことはまるで無視して、同じ動作をえんえんと繰り返しているのだ。

(これが、家の者が言うてる、幽霊というやつか)

はじめてそう思った。

夕方、学校から帰ってきた長男に「お前の部屋、知らん男が出てきて、しゃがみこんだかと思うと絨毯に手を這わせとったが、あれはなんや？」

すると長男は「父ちゃん、やっとわかってくれた？　俺、毎日あんなん見ながら勉強してんねんで。何回言うてもそんなもんあるかいって、全然聞いてくれんかったけど」

そう聞いて、Aさんはこの家には怪異が起こっていることをこの目で見て改めて知ったのだ。

今度はAさんの方から家族に聞き出そうとした。

「わし、長男の部屋で奇妙なおっさん見た。お前らも見てたんか？」

「お父さん、おっさんだけやないで。この家いろんなもんが出てるよ」と言う奥さんの顔が、そういえばやつれたように見える。

奥さんが言うには、この家の廊下や部屋を横切る者がいて、それは一日に何十人もの数だという。それは老若男女いろいろで、服装も様相もバラバラで、ただ共通しているのは、みんな同じ方向に進んでいて、こっちを見るでもなく、玄関のドアのあたりでふうっと消えるというのだ。

Aさんも見るようになった。

半透明の犬の行列である。それこそプードル、ブルドッグ、柴犬《しばいぬ》、秋田犬、チワワ……。犬たちが行列を成して、家の南側の壁から次々と出てきて北の壁へと次々と消えていく。

「ほんまや。わし、見るようになったんや」

そう話しているAさんに、「それって、まるで犬の百鬼夜行ですなあ」と思わずYさんは言ったそうだが、Aさんはその言葉を知らなかったそうである。

ある日Aさんが「自殺なんかするもんやないなあ」とYさんに言ってきたことがあった。

「なんかあったんですか？」

家の中のある部屋の壁に、段のような影が現われると、そこをとんとんと上がっていく人影があって、ふっとロープの輪っかが浮かび上がる。人影はその中に首を突っ込むと、しばらくバタバタと暴れてやがて、だらんとぶら下がる。ふっとそれが消えるとまた、段のような影が現われて、それを上がっていく人影があって、ロープの輪っかに首を突っ込むと……。

これを延々繰り返しているのをAさん自身が見たというのだ。

「わし、今更ながらあの家が恐ろしいて恐ろしいて」

半透明の犬の行列は毎日見るし、長男の部屋には妙な男が出て絨毯をまさぐっている。これはAさん自身は見たことがないが、奥さんとお婆さんは、廊下や部屋を通りぬける何十人もの老若男女を見ているという。次男の部屋にも何か出ているようだ。

「Aさん。その家、引っ越したらどうです？」とYさんが言うと「実は明日、お祓《はら》いするねん」とAさんは言ったのだ。

家族から問い詰められたという。

「お父さん、この家は誰からいくらで買った？　そもそもこの家はなんなんだ」と。

それで「実は、知り合いの不動産屋から格安の値段で買った」と告白したらしい。

当然不動産屋は、格安の理由を説明しようとしたが、そういうことには無神経というか、信じない質《たち》なので「ああ、言わんでもええ」と手を横に振って、何も聞かなかったというのだ。

「お父さん、それやで。えらいことしてくれたなあ」

家族は怒り心頭だったという。

奥さんからは「引っ越すかお祓いをしてくれんかったら離婚する」とまで言われたらしい。

「まあ、離婚言われるとなあ」


二日後、YさんはAさんに会った時「お祓いしたんですか？」と訊いてみた。

「した」と言う。知り合いに霊媒師を紹介してもらって、大掛かりなお祓いをしてもらったらしい。

「で、効いたんですか？」と訊いた。

「まあ、ちょっとましになったわ。けど、完全には解決したわけやないからと、来週、もう一回お祓いをすると言われたわ」

だが、その後Aさんは奥さんに離婚されてしまったという。

二人の息子もAさんの祖母も、家を出て奥さんについて行ってしまったらしい。

ただYさんは「離婚の理由は幽霊云々《うんぬん》と言うより、あの人の性格的な問題やと思う」と言う。

家族に見放されたAさんは、しばらくは一人でその家に住んでいたが、やがてその家を引き払って仕事も辞めてしまったらしい。

その家自体は今もあって、他の人が住んでいるという。

いぶす

Mさんの父方の実家は、比叡《ひえい》山の麓《ふもと》にあって農家を営んでいる。

これはその父の父、Mさんにとっては祖父にあたる人から、何度か聞かされた話だという。


昭和三十年ごろのこと。

今はそのあたりは住宅街となっているが、当時は畑と田んぼしかない土地だったらしい。

ある夕方、祖父は田んぼで作業をしていた。

すると背後から祖母の声がした。

「あんた、いつまでおるんや。はよ帰ってき」

それを聞いた祖父は、顔も上げずに「やかましいな。これが終わらんかったら、帰られへんのじゃ」と返事をした。

すると、どこからともなく獣の臭いが漂ってきた。

（なんか来よったな）

祖父は、さっそく藁《わら》を集めると火をつけた。

煙をあちこちに扇《あお》いで、燻《いぶ》し出すわけだ。

そのうち臭いも消えた。

家に帰ると「お前なあ、いちいちあんなとこに来て、作業中に声かけな」と怒り口調で祖母に言った。すると祖母は「何言うてますねん。うちは今日、家から一歩も出てませんがな」と言われた。

そうか、あの獣臭さはキツネやったんかと、祖父は思ったという。

大きな影

A子さんは中学校の登下校には、ある山道を自転車で通っていたという。

ところがある時期、山に変質者が出るという噂がたった。

そこで、母親が車を出してくれて、山を越えるまでA子さんの乗る自転車の後をゆっくりとついていきてくれたことがあったのだ。

山を越えると町が広がっているので、そこで別れる。


ある夕方、下校時も母親が車で待っていてくれて、一緒に山道に入った。

A子さんの乗る自転車の後をゆっくり走りながら、前方をライトで照らしてくれる。

右手にブドウ畑が広がり、その先へ行くとお寺と墓地がある。

あることに気がついた。

ブドウ畑の向こうは山の斜面になっている。

その斜面に、大きなキツネの影が照らされていたのだ。山の斜面いっぱいの巨大な影。

「ねえねえ、大きなキツネだよ、お母さん」

しかし、妙だと思った。

車のライトは前を照らしている。右手の山の斜面にある光源はなんなのか？

そして、あんなに大きなキツネの影のヌシは、どこにいるのか？

しかしどう見ても、あれはキツネだ。

「ねえねえお母さん。見て見て。大きいキツネだよ」

はしゃぎながら山の斜面を指さした。

車の中のお母さんは、それを見てのことか見なかったのか「ほんとだね」と気の抜けた返事が返ってきた。

あとにも先にも、あんな影を見ることはなかったという。

納期

十五年ほど前のこと、Ｆさんはある会社の営業マンをしていた。

ある日、納期厳守の自社製品をお得意さんの工場に納めるために、Ｆさんは少し会社を早く出た。

この納期は、こちらのミスで無理を言って延ばしてもらったものである。だから今回は必ず指定された時間には納めなければならない。

指定された時間は午後三時。

物じたいは小さいもの。

アタッシェケースにそれを納めて、ＪＲ中央線に乗った。

電車が一番確実なのだ。

最寄り駅は立川《たちかわ》駅。そこからタクシーで数分の工場を目ざす。

ところがひと駅前で人身事故が発生して、電車は停まってしまったのである。

最初はすぐにでも出発する雰囲気だったがなかなか動かない。苛立《いらだ》ったＦさんは、この駅で降りるとタクシーを拾うためにロータリーへと向かった。

タクシー乗り場は長蛇の列となっていた。数十人は並んでいる。バスはと見ると、ここも長蛇の列でしかも、さっき出たところのようだ。次のバスは二十分後ということになる。

これでは確実に間に合わない。歩いても同じことだ。

タクシーを待つしかないか。そう思ってロータリーの長い列の最後尾に並ぶ。

これは、事情を言って時間を延ばしてもらうよう電話で交渉するしかない。しかし、これ以上納期は遅らせることはできない。そのことは十分理解している。

困った。どうしよう。

このままではしくじる。泣きたい気分だ。

すると、ロータリーに一台の乗用車が入ってきて、Fさんの前でピタリと停まった。中から初老の紳士が出てきて「さ、お急ぎでしょう。どうぞ乗ってください」と言う。

まったく知らない人だ。きっと誰かと間違っている。そう思った。

「あのう、私、あなた様とご面識がないんですけど、お間違いじゃないですか?」と訊《き》いた。

しかし紳士は「○○工場に午後三時ですよね。お急ぎですよね」と言う。

○○工場。午後三時。間違いない。

「はあ、そうですけど」

「じゃ、すぐお乗りください」

わけがわからず車に乗り込んだ。正直、ラッキーとは思ったそうだ。

しかしわからない。あんなに大勢人が並んでいる中で、どうして自分を認識できて、困っていることがわかったんだろう。

「あのう」とまた声をかける。

「やっぱり一度もお目にかかったことないですよね。どうして私のことを知っていて、○○工場に午後三時って、ご存じなんですか」

紳士は何も答えない。だがこのあたりの道のことは知り尽くしているようで、今までバスもタクシーも行かなかった道をすいすい通って、あっという間に○○工場に着いた。

午前三時五分前。

助かったことには違いない。お礼を渡そうと一万円札を財布から出したが受け取ろうとしない。もう一度尋ねてみた。

「どうして私が急いでいて、ここに行くとご存じだったのですか？」

するど「まあいいじゃないですか」と言って、どこかへ行ってしまった。

結局、納期は守られたわけだが、工場の人に「誰か迎えによこしましたか？」と訊いてみたが「なんの話？」という顔をされたのである。

運が尽きた男

Nさんの元彼の話である。

「この話をするには、元彼がどんな男やったかを知ってもらうことが必要なんです」と、いろいろと聞かせてもらった。

彼女は言う。

「詐欺師と詐欺みたいな男の二種類がいるとします。詐欺師というのは詐欺をやったろ、と思ってやるわけで、これは更生することができると思うんです。でも、詐欺みたいな男って、そういう性根というか生き方は直らないと思うんです。私がつきあっていた男は、その詐欺みたいな男でした」と。

一緒に食事に出かけて料理をいっぱい注文する。「あんた、お金あるの？」と尋ねると「ない」という。彼の車でドライブに出かけると、随分走ってから「あ、ガソリンないわ。けど俺、千円しかもってないねん」と言う。

周りの人に「俺、明石家《あかしや》さんまの弟子やねん」と言い放って、みんなの前で芸能界の裏事情やゴシップを得意になって話す。しかし、どれも聞いたような話ばかり。

「あんた、大スポ読んでそれをそのまま言うてるだけやん」と何度も指摘される。

嘘を平気でつく。そしてその嘘もすぐにバレる。

とにかく、彼女の見ていない、知らないところでは人を騙《だま》してお金を借りたり、他人名義で詐欺まがいのこともしていたようだ。

「ほんまにセコくて、虚言癖があって、滑稽《こっけい》で、嘘つきで薄っぺらい男。たとえば、バナナの皮で滑って転ぶなんて人、現実にはいないでしょ。でも彼はするんですよ。ほんとにしょうもない男。彼と同じ職場だった人から聞いたのがね。キャスター付きの事務椅子ってあるでしょ。彼がその椅子を手で取ろうとしていたら、上司が入ってきて声をかけられたんですって。上司は仕事の話をしだしたので、ちゃんと姿勢を正して聞かなきゃならないのに、彼はそのまま椅子を探そうと、顔は上司に向けたまま、手だけ、懸命に動かしている。でもその椅子はたまたま近くを歩いていた人が蹴《け》ってしまって遠くに行っているんです。なのに彼は手をぱたぱたと動かしていて。それは傍《はた》から見ると滑稽に踊ってるように見えていたんですって。上司が「お前、なにしてるんや」と訊くと、「椅子ないですねえ」って。その場にいた社員たち大笑い。なんか天然なんです。最低な男なんだけど、見ているとおかしいというか、面白いんでつきあってました」と彼女は言う。

職場はよく変わるというか、クビになる。取引先の人に嘘を言ったり、嘘の報告書を上げたりする。なんでも人のせいにする。調子だけはいいので、次の就職先はわりと決まる。ただ、そんな彼を受け入れる会社はすぐに問題が発生する。それで給料がもらえない。というか、彼は就職しても給料をもらっていないことが多かったというのだ。

給料がもらえなくなったという被害者の会が結成されて話し合いをしているのをNさんが見たのは、一度や二度ではないという。彼氏が悪い運気といったものを会社に持ち込んでしまうのだろうかとも思ったという。

一度、お腹をふくらませて帰ってきたことがあった。

「会社、給料くれへんから、盗《と》ってきたった」と服の下から大量のトイレットペーパーを出したこともあった。

ある時など、彼氏の携帯電話に彼氏の父親からこんな電話がかかってきたことを覚えているそうだ。

「お前、また人を騙して詐欺みたいなことやっとんのか」

「親父、そんなん誰から聞いたんや」

「あほ。死んだ母さんが夢に出てきたんや。あの子はまだ悪いことして人騙しとるわ。あんたがなんとかしなさいって、わしが叱られたわ」

ただ、彼女に言わせると彼氏の父親も似たようなもので、どの口が言うとるの、と言いたいところだったという。

ところがつきあっているうちに、だんだん彼のことが怖くなってきたというのだ。

ある日、Nさんの家でのこと。

彼女が大切にしていたアンティークものの木製の椅子が部屋にあった。その椅子に彼氏が座った。

その途端に、椅子の四つの脚の真ん中あたりが、ぷっくりと広がったような感じがした。そして、壊れはじめたのだ。まるでその椅子は生きていて、彼氏が座ったことを拒否しているという感覚に襲われた。

そして目の前の彼氏がだんだんと下へ落ちていくのだ。木の椅子の脚がメキメキと割れていっている。おそらくはそれは瞬時のことだったはずだが、まるでスローモーションのように彼氏が視線から落ちていく。

そして、ドォンと音がして、粉々になった椅子もろとも彼氏は床に尻《しり》もちをついていた。その衝撃で後頭部を壁に打ちつけた。普通なら悲惨な光景で「大丈夫？」と声をかけるところだが、その間といい恰好《かっこう》といい、笑ってしまうのだ。

その時、彼女は思ったという。

この男はどんな悲惨なことになっても不幸になっても、人に笑われる運命にあると。

ある日、彼が車を車庫に入れるところを見ていた。

Nさんが先に降りて、彼だけ乗った車が立体駐車場のパレットの上で上昇している。その時、(あれっ、雨降ってたっけ?)と思った。(いやいや、今日は晴れてたし)

じゃあなんで雨が降ったのかなと思ったのか?

ここから見る彼氏の車のフロントガラスが濡《ぬ》れているように見えたからだ。しかしよく見ると濡れているわけではない。車の中に得も知れない、捻《ね》じれた空間ができていたのだ。

邪悪な何かが彼氏を包み込んでいる。そう思えてならない。

やがて運転席にいる彼氏の顔の右と左がズレだした。

顔の右側が下へ、左側は上へと分かれていっている。

なんともいえない、醜悪の化身というか、滲《にじ》み出る性根の悪さというか、そういうものを見ていると思った。あまりの醜さに一旦《いったん》視線を逸《そ》らし、もう一度見ると彼の顔は元に戻っていたが、もう、付き合うのは無理と思った瞬間だったという。

ノブヒロさん・後日談

『新耳袋　第七夜』に「縁にまつわる十四の話」を掲載している。

このエピソードは二〇〇六年に豊島圭介《とよしまけいすけ》監督により『怪談新耳袋　ノブヒロさん』として劇場映画化されＤＶＤ化もされている。これはその映画と関連したと思われる奇妙な後日談である。

一昨年《おととし》末のことである。

『オカルトエンタメ大学』というYouTubeのチャンネルを展開している制作会社からその「ノブヒロさん」のエピソードを怪談として語ってくれないかというオファーがあった。それで私は、当時の取材テープを聞きなおし、再構成することとしたわけだ。

実はこの話、『新耳袋』に掲載した後にもさらに後日談があって詳細に取材していたのだが、実は本には書かなかったのである。というより、書く機会に恵まれなかったのかもしれない。だからこの時、はじめて後日談も含めた話の全貌《ぜんぼう》を語ることにしたのだが、これを機会に、そのエピソードを文章としても残しておこうと思ったのである。

また、再取材したときに事件や怪異が起こった日付なども確認し、『新耳袋』に書いたものとは違う点も出てきた。これはこの怪異の体験者であるエツコさんの記憶違いやカレンダーなどと突き合わせて確認を行なったこともある。だから『新耳袋』とは違う日付や数字が出ると思うが、これから記すものが正確なものであると思っていただきたい。

劇場用映画『怪談新耳袋　ノブヒロさん』が制作された当時、『新耳袋』はBS－i（現在のBS－TBS）より『怪談新耳袋』としてテレビ・ドラマ化、映画化され、『新耳袋　殴り込み！』というスピンオフ番組も制作されていた。

『新耳袋　殴り込み！』は『新耳袋』に書かれた怪異の起こったとされる場所に行くという心霊ドキュメントといったものだったが、この企画の一つとして、『新耳袋第七夜』に書いた「縁にまつわる十四の話」で展開した壮絶な幽霊ストーカーにつきまとわれたという体験者、エツコさんにインタビューし、その体験談の一部を本人から話してもらいたいというものがあった。もし可能なら、撮影隊が大阪に来るという。

私はエツコさんに連絡して、そのことを言うとエツコさんは承諾してくれ、顔は出さないという約束でビデオに出演してもらったという経緯があった。この時にはすでに、彼女の体験談が映画化されるかもしれないという段階だった。そのことを知った彼女はこんなことを語っていた。

「映画化されるのは私としては嬉《うれ》しく思います。でも映画化されることによってノブヒロがこれを機に復活するかもしれない。なぜなら、映画化されるということは脚色されているとはいえ、私たちのことがいろいろな人たちに観られる、知られる、ということになりますよね。そうすると静かにしているノブヒロの霊に刺激を与えて、それで復活してまた私にまとわりつくかもしれない。そう思えて、私は怖いんです」

そして一年後、彼女の予想はあたった。

ノブヒロが復活したというのだ。

その前に『新耳袋　第七夜』を読んでいない人のために、このエッコさんとノブヒロさんのエピソードを簡単に紹介することとする。


一九八九年二月五日のことである。

大阪で会社経営をしているエッコさんという女性が、会社帰りの電車の中で異様な視線を感じたのだ。見ると向かいの席に座っている初老の男がじっとこっちを睨《にら》むように見ていたのである。細身で上品な雰囲気があり、長い白髪を後ろで括《くく》っている。膝《ひざ》には読みかけの竹久夢二《たけひさゆめじ》の画集。男はまったく視線を外さない。

何だろう、あの男は、と睨み返した。

そして駅に着く。エツコさんは電車を降りると小走りに改札を出た。するとさっきの初老の男が待っていた。

「さっきは失礼しました。僕はこういう者です」と名刺を渡された。そして男は言う。

「ひとめで惹《ひ》かれました。少しの時間でいいですから、ご馳走《ちそう》させてください」。さっきと違ってその男に優しさを感じて、誘われるがままに飲みに行った。これが最初であった。

男はノブヒロと名乗った。五十九歳。少し前まで高校で美術教師をしていたが、今は絵を描きながら悠々自適の生活をしているらしい。そしてその言葉遣いや仕草には女性っぽいところがみられた。エツコさんも会社の名刺を渡して、この日は帰った。

翌日から、九時、十一時、三時、五時のピッタリの時間に、会社の電話にノブヒロさんがかけてくるようになった。これ以後、一度も欠けたことはない。エツコさんが外出しているとポケベルが鳴る。嫌いなタイプではなかったので、エツコさんも彼と会うようになる。

そして彼のアトリエに行って絵のモデルになったり、飲みに行ったりとデートを繰り返した。

しかし、彼女は離婚したばかりで八カ月になる娘と自分の母との生活がある。ノブヒロさんは会社の連絡先ではなく、個人の連絡先を知りたがったが、プライベートには入ってもらいたくない。だから家の連絡先は教えないでいた。

ある日、出社すると九時ピッタリに鳴るはずの電話が鳴らなかった。十一時も鳴らなかった。「ノブヒロさん、病気でしょうか」と会社の者は言うが、エツコさんは「違う。彼に何かがあって亡くなっている」。そう確信めいたものがあった。

はじめて、エツコさんから電話をした。出ない。実はノブヒロさんからは何かあったらと、彼の母親と息子の家の電話番号を聞いていた。母親に電話をした。するとノブヒロさんは、今朝、階段から落ちて亡くなっていたことを聞かされた。

ノブヒロさんが亡くなったのは出会ってから、ちょうど一ヵ月後の、三月五日のことだったという。

そしてこの後、エツコさんはノブヒロさんの霊にまとわりつかれるようになる。

亡くなったノブヒロさんから会社に定時の電話が掛かってくる。バッグの中にノブヒロさんが所持していたものが入っている。パーティで撮った写真に写りこむ。やがてエツコさんの部屋の中に、彼の腕が現われるようになる。まるで闇から生えてきたような手。

最初は亡くなってまで私を愛してくれている、と嬉しいと思ったこともあったが、だんだんとまわりに起きる不可思議な現象に悩むようになり、家の中に入ってきたノブヒロさんの霊がとてつもなく怖くなってきた。エツコさんに近づく男たちも原因不明の怪我や事故に襲われるようになる。

この頃から、いろいろな人に相談するようになるが、何かノブヒロさんが邪魔をしているように感じる。

ある時、ある僧侶《そうりょ》からは、二百年前にも二人は恋人同士であったが、身分違いの許されぬ恋路であったので、二人は崖《がけ》から飛び降りて心中をしていると、聞かされた。その時、男は途中の木の枝に引っかかって腰を砕き、先に落ちていった女を左手で追うように伸ばした状態で、大いに未練を残して死んでいったと。そして引き裂かれた二人が再びこの世で会ったのだと。そしてまた、あなたを残して死んでしまった。その悔しい思いとあなたを愛する気持ちが、残っている。「断ち切らないと大変なことが起こります」と言われた。

エツコさんは後に、ノブヒロさんの司法解剖をしたという医学博士から聞くこととなる。

「彼は事故死じゃない。変死だ」

「階段からの転落死にしては、上半身が不自然にねじ切れんばかりに曲がっていて、左手をいっぱいに伸ばして。まるでそれは、玄関口にある電話機を必死に取ろうとしていたように見えた」と。その死に方は、僧侶から聞かされた状況と同じであった。

二百年前の因縁。

それを信用する、信用しないではない。ノブヒロさんの影はとうとう、エツコさんの家庭に入り込み、子どもが熱を出し苦しむようになる。そして、明らかに自分と子どもの命を取ろうとしている。あの世に誘おうとしている。そこで彼女はノブヒロさんの霊と対峙《たいじ》する……。

ノブヒロさんの霊が消えたのは、彼が亡くなってちょうど一年がたとうかという一九九〇年の春であった。

映画が公開された翌年。

二〇〇七年の春、そのエツコさんから連絡があった。

「ぜひともお会いして、お話ししたいことがあります」と言う。それで私はエツコさんと会い、そこから再取材をさせてもらうことになったのである。

呼び出された時、エツコさんはこんな話をしたのである。

「ノブヒロと私が最初に出会ったとき、私の娘は八ヵ月だったと言いました。ノブヒロとその後、一ヵ月交際して亡くなって、その後一年間、ノブヒロの霊に怯《おび》えるわけですが、その時、娘は一歳九ヵ月になっていました。そして今年は二〇〇七年。あれから十八年たちました。実はその娘が去年の春、子どもを産んだんです。私の孫です。

男の子。もうこの子のことが可愛くって、可愛くって。でもね、その子についてちょっと気になることがありましてね……」

彼女が言うには、娘が妊娠していることが発覚したのは去年の二月のはじめのころのことだった。生理が止まって二ヵ月たっていたので、「妊娠してるんじゃないの」と医者に診てもらった。すると医者は「妊娠はしていない」と言う。そんなはずはない。別の医者に診てもらったが、やはり同じ診断である。そこから何人もの医者に診せるが同じ回答。それである人に紹介状を書いてもらって、産婦人科では有名な医者に診てもらった。午前中の診察だったがやはり「妊娠はしていません」と言う。けれどもエツコさんには確信があったという。

「先生、もう一回診てください。もう一回診てください」と嘆願した。

午後、もう一度診てくれた。すると医者は「あれっ」という顔をした。

「午前中に診た時、こんなものなかったんだけどなあ。今は黒い影がある。これは赤ちゃんかもしれない。すぐに入院させましょう」と言われた。

緊急入院。

すると娘が「水が出る。水が出る」と言いだした。現に大量の水を身体から出している。

「これはどういうことだろう」と医者は首をひねる。

いろいろ手立ては尽くしてくれたが、どうしようもない、ということになった。

「この状態では母と子を両方救うことはできません。せめて母親だけでも救うことを考えましょう。このまま放っておくと、母子共に救えなくなります。すぐに手術しましょう」と医者は言う。

けれどもエッコさんはそれでも「いいえ、なんとかこの子を産ませてください」と頼み込んだのだ。娘も「先生、私、産みたいです。産ませてください」と息も絶え絶えの中、何度も口にしている。

すると医者は「赤ちゃんを生きた状態で取り出すことはできます。でも、すぐに死にます。ですからお葬式の用意をしておいてください」と言う。

「それでもかまいません。とにかく、産ませてやってください」

ところがエッコさんは言う。「あの時、どうしてあそこまで産ませることを望んだのか。正直わかりません。だって、お医者さんの言うことが正しいんです。出産予定日は十月十五日。この時はまだ四月の六日。まだまだずっと先です。まだ早すぎるんです。赤ちゃんの形にもなっていない」

ところが無事赤ちゃんは取り出された。生きている。

そのまま別室に運ばれた。

「なんという生命力だろう」と、医者は驚いていたという。「きっとこの世に生まれたい、生きたい、そういって生まれてきたにちがいない。この生命力は驚異だ。あなたの娘さんもすごい。これだけ身体に負担をかけて、精神的にも肉体的にもダメージを受けながら、元気でいらっしゃる。すばらしい娘さんだ」

赤ちゃんは当分、病院に預けられた。チューブや管につながった状態で生きていた。そして今は、エツコさんと暮らしているという。

「赤ちゃんは男の子。[redacted]ちゃんと言います。私の初孫。でもね、あれだけ産むことに固執したはずの娘が、生まれた赤ちゃんの世話をしようとしないんです。愛情のかけらもない。相手の男ですか？　最初は籍を入れていたんですけど、こいつはもう最低のヤツなので追い出してやりました。で、孫はもう一歳になろうとしています。そして私が孫の面倒をずっと見ているんです。もう可愛くって、可愛くって。最初はベビー・ベッドで寝てたんですけど、今は私と一緒に布団の中で寝かせているんですよ」

という。

しかし、こんなことが起こりだした。

エツコさんが会社から帰ってくると、赤ちゃんが部屋にいる。彼女のお母さんがその間世話をしている。そして[redacted]ちゃん、と名前を呼ぶと、左手を前に真っ直ぐ出して、ニタァと笑うというのだ。

「一歳になるかという子どもですよ。そんな子がニタァって笑いますか？　妹にこのことを言ったら信じてくれない。お姉ちゃん、赤ちゃんはね、ニコッと笑うのよって。でもそうじゃない。ニタァって笑うんです」

　こんなこともあったという。

　自宅で仕事をしていた。すると背後から刺すような視線を感じた。この視線には覚えがある。あの時電車の中で感じたあの視線だ。ノブヒロと最初に会ったときのあの視線。

　えっと思って振り返った。

　そこにいたのは、●ちゃんだった。こっちをじっと見ている。

　それは子どもの目ではなかった。この時、なんとも知れない違和感を覚えたという。

　ある日も、会社から帰るとお母さんに叱られた。

「エッコ。どうしてもっと早く帰らないのよ」

「どうしてって。仕事だから」

「仕事って言ったってね。この子、あんたが帰ってくるまで寝ずにずっと待っているのよ」と言われた。一歳の子が寝ずに待っている？　そんなことありえない。

　そしてさすがに、「これは！」と思うことがあったという。

ある夜のこと。赤ちゃんと一緒に寝ていた。すると突然、寝苦しくなって目が覚めた。

するとエツコさんのお腹の上に、●ちゃんがいて、ハイハイをしながら顔に近づいてくる。そして、エツコさんの唇にキスをしようとしたのだ。

「赤ちゃんですよ。そりゃあ私も赤ちゃんにキスすることとありますよ。頬とかおでこに。でも口にはしませんよね」

この時、思ったという。この子はノブヒロの生まれ変わりかもしれない。

そして、こうも思った。私はもう子どもは産めない。だからノブヒロが孫となって私の近くにいる。私と娘がああまで身の危険を知りながら、産ませてくださいと嘆願したのは、ノブヒロがそうさせたのかもしれない。ノブヒロが復活するって、こういうことかなと。そして、この子がノブヒロの生まれ変わりかもしれないと思った、もう一つの理由があるという。

それが、『怪談新耳袋　ノブヒロさん』という映画にあるというのだ。

エツコさんは「あの映画、観ました。メーカーさんからビデオを送っていただいて、家族みんなで観ました。観ていて、家族一同『えっ』と驚いたことがあったんです。それって偶然なの？　演出なの？　それともホラー映画ってそういうものなの？」と言うのだ。

映画では、エッコさん役を内山理名《うちやまりな》さんが、ノブヒロさんを平田満《ひらたみつる》さんが演じている。エッコさんが言うには、平田さんの顔はノブヒロさんに全然似ていないらしい。しかし、平田さんが着ていた衣装は、ノブヒロさんが着ていた服装そのままだったと。

「あれっ、私、ノブヒロがこんな服装していましたなんて、誰かに言ったっけ？　中山《なかやま》さんにも言ってないわよね。じゃあ、なんで映画のスタッフさんがそれを知っていたんだろうかって、不思議に思いました」とエッコさんは言う。

そして、ノブヒロさんのアトリエのシーン。あのアトリエもノブヒロさんが使っていたアトリエそのものだったというのだ。そのアトリエで、内山さんと平田さんがツゥ・ショットとなる。そしてロング・ショット。その途端、二人の顔にぼうっと靄《もや》が掛かる。あるいは黒い影が顔に乗る。二人の顔が見えない。けれどもノブヒロさんのアトリエ。ノブヒロさんの着ていた服装。エッコさんはそれを見ていて、映画の中で過去、十数年前の出来事が再現されていると思ったというのだ。しかも、その時のセリフも過去、エッコさんとノブヒロさんが交わした言葉そのものだったと。

「そんなことある？　それともやっぱり偶然？　でも私、ノブヒロがあそこにいる、そう思ってゾッとしたんです」

そしてエッコさんは、映画のラスト・シーンに驚愕《きょうがく》したらしいのだ。

ラストで平田さんが、内山さんに向かって手を差し出すシーン。内山さんが演じるエッコをあの世に誘おうとする場面だ。あの時、平田さんが着ていた衣装も、エッコさんが最後にノブヒロさんと会ったときに着ていた服装そのものだったというのだ。

これも、なぜスタッフがそのことを知っていたのか、戦慄《せんりつ》したという。

映画では、最後は内山さん演じるエッコは、マンションの屋上から飛び降りて死ぬ。それを観てエッコさんは「その結末って、ノブヒロが望んでいたことなんです。私をあの世に誘おうとしていた。それが映画の中で成就している。これってノブヒロが復活しているということじゃないですか？」

また、これも気になるという。

平田さんのセリフだ。

「エッコは、シミズというヤツと付き合っている。もうすぐ結婚するそうだ。もうすぐ結婚するそうだ。死ね死ね死ね死ね死ね死ね」

映画の中のエッコは、シミズエッコとなって、最期を遂げる。

シミズエッコ。実はこの名前、エッコさんの結婚する前の名前だったのだ。

「そんなことまで、スタッフの人たちが知っているはずがない。たくさん名前がある中で、どうしてシミズという名前がチョイスされたのでしょうか？　ノブヒロは、私がシミズエツコに戻ることを強く望んでいました。この映画は、ノブヒロが望んでいたことをすべて描いているんです」

また、エツコさんは言う。

「娘の妊娠が発覚したのが二〇〇六年二月初旬。二月はノブヒロと出会った月です。ノブヒロの命日は三月六日。この子が生まれたのが四月六日。そこで私が気にしていたのは、この映画がいつ企画されて、台本執筆が行なわれて、いつ撮影されたのかということなんです」

この映画は二〇〇六年夏に公開された。ということは、二月、三月は撮影が行なわれていた時期であるはずだ。ひょっとしたら撮影とシンクロして、この子が生まれ、ノブヒロがこの子に乗り移っている。思い過ごしかもしれないが、映画と現実が連動しているとしか思えないとエツコさんは言うのだ。

あの映画が公開され、ビデオにもなった。それだけ大勢の人が観ることになる。観られることによって、ノブヒロはどんどん力を持って、エツコさんにまとわりつくこととなる。そしてまた、エツコさんをあの世に引っ張ろうとする。そういった意識が甦《よみがえ》ることをエツコさんは恐れている。

こんなこともあったという。

映画を観終わって何日かしたある日。子どもを両手で抱えてマンションの階段を下りていた。この時、いきなり何かで足を掬《すく》われたというのだ。見たがそこには何もなかった。何もないのに足を掬った何者かがいた。もう少しで足を取られて階段から転落するところを、何とか踏ん張って落ちずに済んだ。でも、もしあの時転がり落ちていたら……。

「私はノブヒロと同じ死に方をしていたのかもしれない。抱えていた赤ちゃんも落下して、左手をいっぱいに伸ばして、赤ちゃんを追おうとした形になって。もしあの子がノブヒロの生まれ変わりだったら、二人ともノブヒロと同じ死に方をした。これって、ノブヒロの狙っていることですよ」

それほどエツコさんは、ノブヒロさんの強い執念、意志といったものを感じているという。

しかし一方で、エツコさんはこうも言っている。

「私は、映画になったことが悪いとか、そういうことを言ってるんじゃないんです。映画になったことは本当に嬉《うれ》しい。素直な気持ちです。ノブヒロがあの映画が動き出したころからこの世に甦って、復活して、孫となって私にまとわりついた。私はそう思っています。でも、そのことに気づいて、なんらかの対策とか防衛することを考えなきゃならない。そういうことに気づかされました。ひょっとしたらこの先、私はノブヒロと戦わなきゃならないかもしれない。そう思うようになったんです。いや、私の思い過ごしでしょうか。あの子はノブヒロの生まれ変わりかもしれないし、そうじゃないかもしれない。でもね、どっちにしたって私はあの子のために、あと、二十年、三十年と生きなきゃいけない。いや、生きるんだという勇気と覚悟を私に与えてくれたのも、あの映画です。そういう意味でも、私はあの映画に感謝しています。でも、ノブヒロはどんどん増幅していっている。正直、私は怖いです」

ちなみに、私はエッコさんたちと一緒に『怪談新耳袋　ノブヒロさん』を鑑賞したことがあった。彼女の言うように内山さんや平田さんの顔が靄で隠れたとか、黒い影で被《おお》われるということもなかったが、エッコさんや家族の方たちにはそう見えるらしい。そして、映画の中に「ほら、ここに人影があるでしょ。これノブヒロですよ」というシーンもあり、私にはそういうものは見えなかったが、一緒に観ていた私の友人は「いますね。ノブヒロさんて、こんな顔の人ですか」「そうそう」「僕にも見えます」というやりとりをしていた。

また確かに、人影が映りこんでいるシーンもあったが、スタッフが映りこんでいたのかもしれない。真相はわからなかった。

さて、この一連の後日談を一昨年《おととし》の末、『オカルトエンタメ大学』が配信する動画で語ったのであるが、これが二〇二二年。ノブヒロさんが亡くなって三十三年目のことであると、この時気づいたのである。三十三回忌は、亡くなった年を一年めとするため法要は三十二年めに行われるが、私がこの話を復活させて動画で語ったのが三十三年めというのも、なにかの因縁かもしれない。

ところでこの話の収録中、奇妙な現象が起こったのだ。

実はこの日、他の怪談も収録した。この時は何事もなかった。

『新耳袋』に書いたエピソード。これを語った時もスムースに収録ができた。

いよいよ『新耳袋』に書かなかった、あるいは書けなかった後日談を語りだした時だ。

「中山さん。しゃべるときはちゃんと背筋を伸ばしてください」と技術さんから注文が来た。

「えっ、そう？」

改めて背筋をピンと伸ばして語りだす。また同じNGが出た。

「背筋、伸ばしてますよ」

「……ですよねえ」

「なんかあったんですか？」

「それがねえ」

私は胸のところにピンマイクを挟んでいて、このピンマイクが私の声を拾う。ところが、ゴリゴリッというノイズが入るのだという。そのノイズは、自然発生では絶対になく、手で直接ピンマイクを触るときの音だという。最初「背筋を伸ばして」という注意は、私が背をかがめてスーツにマイクがあたって発生したノイズだと思ったからだという。

それでもそんなノイズは起こらない。

何度も何度も、同じことが起きて、その度にカメラを止める。

マイクも交換した。それでもノイズはひどくなる。

私にはわからないが、音声さんのヘッドホンには、バリバリッ、ゴリゴリッというノイズがしきりに発生しているらしい。その度に撮り直しとなるのだが。

この時に気がついた。

ノイズが入るタイミングだ。

エツコさんから、これは孫の仮の名前ですよ、と聞かされていた男の子の名前。この名前を収録中に言うか、この子がこういうことをした、というエツコさんのお孫さんのことを言うとノイズが入るのだ。あるいはノブヒロさんを思い出させる言葉も同様なのだ。

もしかしたら、これは仮の名前ではなくて、本当の名前だったのかもしれない。そう思って途中から名前を変えた。すると少しはマシになった。

そのノイズは、今もアップされているオカルトエンタメ大学『【ノブヒロさんの怪・最終章】公開！　新耳袋未収録の後日談。謎のノイズで何度も撮り直し!?　中山市朗《いちろう》先生が語ります』の最後の部分で聞くことができる。いろいろ怪談を収録してきたこの番組で、このような現象が起こったのは初めてだということだった。

そして、エツコさんの孫の名前を●ちゃんとしたのも、イニシャルで表記することさえ憚《はばか》るようなことが、この原稿執筆中に起こったからである。

ノブヒロさんは、私のところへも来たのだろうか？

本書は書き下ろしです。
目次デザイン／坂詰佳苗